BEI GRIN MACHT SICH
WISSEN BEZAHLT

- Wir veröffentlichen Ihre Hausarbeit,
  Bachelor- und Masterarbeit

- Ihr eigenes eBook und Buch -
  weltweit in allen wichtigen Shops

- Verdienen Sie an jedem Verkauf

Jetzt bei www.GRIN.com hochladen
und kostenlos publizieren

Peter W. Schatt

Zwischen den Kulturen: Crossover? Fusion? Third Stream? Zur Funktion des "Jazz" in Kompositionen des 20. Jahrhunderts

GRIN Verlag

Bibliografische Information der Deutschen Nationalbibliothek:

Die Deutsche Bibliothek verzeichnet diese Publikation in der Deutschen National-
bibliografie; detaillierte bibliografische Daten sind im Internet über http://dnb.d-
nb.de/ abrufbar.

Impressum:

Copyright © 2014 GRIN Verlag, Open Publishing GmbH
Druck und Bindung: Books on Demand GmbH, Norderstedt Germany
ISBN: 978-3-656-56913-8

GRIN - Your knowledge has value

Der GRIN Verlag publiziert seit 1998 wissenschaftliche Arbeiten von Studenten, Hochschullehrern und anderen Akademikern als eBook und gedrucktes Buch. Die Verlagswebsite www.grin.com ist die ideale Plattform zur Veröffentlichung von Hausarbeiten, Abschlussarbeiten, wissenschaftlichen Aufsätzen, Dissertationen und Fachbüchern.

Besuchen Sie uns im Internet:

http://www.grin.com/

http://www.facebook.com/grincom

http://www.twitter.com/grin_com

Zwischen den Kulturen: Crossover? Fusion? Third Stream?

Zur Funktion des „Jazz" in Kompositionen des 20. Jahrhunderts

Peter W. Schatt

Inhalt

	Seite
Vorwort	7
1. Zur Fragestellung	8
2. Ortsbestimmungen	10
3. Welche Kulturen?	13
4. Kultur ist kein Objekt	16
5. Kulturelle Durchlässigkeit	17
6. Exkurs: Kultur im multikulturellen Raum – Perspektiven für Pluralität	20
7. Im Spannungsfeld des Normativen	24
8. Die eine Kultur: Jazz	27
9. Die andere Kultur: Kunstmusik	30
10. Rezeption	31
11. Produktion „dazwischen" – eine neue Kultur?	34
12. Zusammenfassung	48
13. Ein komponierter Ausblick	51
Literaturverzeichnis	52

Vorwort

Diese Schrift ist das Ergebnis des Versuchs, wesentliche Aspekte meines vergriffenen Buches „Jazz" in der Kunstmusik wieder einer breiteren Öffentlichkeit zugänglich zu machen. Sinnvoll erscheint dies, weil darin schon seinerzeit im Bereich einer bestimmten musikalischen Rezeption und Produktion Probleme berührt wurden, die – wenn auch in anderen Kontexten – heute im Horizont von Themen diskutiert werden, die mit Globalisierung und Pluralität zusammenhängen.

Auf die ausführlichen Analysen der ursprünglichen Arbeit musste und konnte hier verzichtet werden; die entscheidenden Erkenntnisse und Einsichten werden in komprimierter Form an exemplarischen Fällen in aktualisierter und auf das Kulturproblem fokussierter Weise dargestellt.

Wieder bin ich Malte Sachsse zutiefst dankbar – diesmal nicht nur für gründliches und schnelles Korrekturlesen, sondern auch für zahlreiche kritische Anmerkungen und hilfreiche Hinweise.

Hamburg, im Dezember 2013

Peter W. Schatt

1. Zur Fragestellung

Nicht nur in der Musik, sondern auch in anderen Lebensbereichen wie z. B. in der postmodernen Architektur oder aber bei Neuzüchtungen botanischer oder zoologischer Art sind Mischformen ambivalent: Fast immer rümpfen Puristen die Nase, weil sie die ursprünglichen Formen, Codes, Regeln, Bedeutungs- und Wertvorstellungen missachtet oder gar verraten glauben, während andere an ihnen den Reiz schätzen, das Ursprüngliche im Neuen zu entdecken und den Charme des Veränderten zu genießen.

Möglicherweise war gerade diese Ambivalenz ein Grund dafür, dass in der Musik Mischformen – die letztlich als Experimente auf die ästhetische Tragfähigkeit des Wagnisses der Grenzverletzung gelten können – seit Beginn des 20. Jahrhunderts Konjunktur hatten. Schwierig war und ist es, sie einzuordnen und zu benennen. Kompositionen, die sich dem Rekurs auf östliche – arabische, chinesische, indische oder japanische – Musik verdanken, tragen außer dem vagen Schlagwort „Exotik" für die Anmutung des Fremden in oder an ihnen keine Bezeichnung, die ein einheitsstiftendes Moment herausstellt; Stücke, in denen Jazz mit anderer Musik verbunden wurde, benennt man in der Regel nach dem ehemaligen Vorgang der Verbindung „Fusion"[1] oder „Crossover". Diese Bezeichnungen wie auch der Begriff „Third Stream" verweisen aber letztlich nur auf einen groben phänomenologischen Umriss der Erscheinung, ohne etwas über die Eigenart des Benannten in historischer oder ästhetischer Hinsicht oder dessen Bedeutung bzw. deren Interpretation auszusagen.

Darum geht es aber im Folgenden: weniger um vordergründig fassliche Erscheinungen, sondern mehr um deren ästhetische und kompositorische – mithin auch kulturelle – Hintergründe: weniger um die materiellen Substanzen des Tonsatzes also, sondern vielmehr um die materialen[2] Funktionen des einen im Zusammenhang mit dem Anderen, mithin um Modifikationen kulturell fundierter musikalischer und musikbezogener Bedeutung und Bedeutsamkeit.

Da es sich um die Frage des Umgangs mit elementaren musikalisch-ästhetischen Vorstellungen einer fundamental fremden Kultur in einer anderen und die Einarbeitung des genuin Anderen ins „Eigene" sowie um die Dimensionen der Anverwandlung von Erscheinungen und deren Bedeutungen beider Bereiche handelt, wird hier zwangsläufig eine

---

[1] Dieser Begriff tritt in doppelter Bedeutung auf: im engeren Sinne als Bezeichnung für die Verbindung zwischen Jazz und Rock, im weiteren Sinne für die Synthese zwischen Jazz und jedweder anderer Musik, gleichviel ob Konzertmusik, indische, japanische oder europäische (Volks-)Musik.
[2] Wir rekurrieren hier auf den Materialbegriff Theodor W. Adornos, der kein physikalischer, sondern ein durch und durch historischer – mithin auf die Bedeutung des tönenden Phänomens gerichteter – ist. (Vgl. Adorno 1998 a, S. 38 ff. und Dahlhaus 2005, S. 277)

Perspektive eingenommen, die auf die rezipierende Kultur fokussiert ist. Eine solche „eurozentrische" Sehweise ist hier nicht nur nicht falsch, sondern notwendig, um darzustellen, wie europäische Komponisten Elemente einer anderen Kultur verarbeiteten und dadurch deuteten, um die Funktion des Anderen und die Geltungsmöglichkeiten des neu Entstandenen in ästhetischer und kultureller Hinsicht darzustellen.[3]

Konsequenz einer solchen „Zentrierung" ist die ausschließliche Fokussierung auf komponierte Musik, in die Jazz Eingang fand – nicht umgekehrt – sowie die Konzentration auf Europa. Während Letztere dem hier möglichen Umfang geschuldet ist, beruht Erstere schlicht auf den Interessen des Verfassers. Freilich wären musikwissenschaftlich fundierte und kulturwissenschaftlich orientierte Untersuchungen wünschenswert, in denen die einschlägigen Fragen mit Blick auf die „Fusion"- und „Crossover"-Phänomene im Bereich des Jazz gestellt und beantwortet würden.

Obwohl mit der hier vorliegenden Arbeit musikwissenschaftliche und nicht musikpädagogische Anliegen verfolgt werden, sind die Untersuchungsinhalte und -ergebnisse musikpädagogisch in doppelter Hinsicht relevant: Zum einen berühren sie Fragen interkultureller Kommunikation und Bedeutungsgenerierung im Medium Musik; zum anderen stellen sie Analysen und Interpretationen von Kompositionen bereit, die für den schulischen Musikunterricht von nicht geringem Interesse sein dürften.

---

[3] Eine solche Sehweise wurde dem Verfasser im Kontext der Frage nach Möglichkeiten und Bedingungen für Interkulturalität unlängst (vgl. Barth 2008) in Verkennung der auch hier aufgeworfenen Problemstellung einerseits, in Vernachlässigung meiner jüngeren Veröffentlichungen andererseits vorgehalten (vgl. Schatt 2004 a, 2004 b).

2. Ortsbestimmungen

Die Redewendung „zwischen den Kulturen", derer sich der Titel dieser Ausführungen bedient, gehört zu den Topoi, die gern verwendet werden, wenn es darum geht, eine präzise Ortsbestimmung zu vermeiden. Eine ähnliche Überschrift gleichen Charakters trägt ein Kapitel aus Clemens Kühns Formenlehre: Unter der Überschrift „Zwischen den Welten"[4] befasst er sich mit Musiken, die sich von anderen unterscheiden, aber Gemeinsamkeiten mit ihnen aufweisen, ohne einer dieser anderen ohne weiteres zuzuordnen zu sein und ohne einen eigenen präzise benennbaren Typus zu bilden. Grundlage für eine solche Einschätzung ist die Vorstellung von Abgrenzungen, von genau benennbaren Trennlinien, von Kriterien, die Unterscheidungen ermöglichen zwischen demjenigen, was zu den „Welten" – bzw. Formen, Kulturen oder Stilen – gehört und was zwar nicht zu ihnen gehört, wohl aber Beziehungen zu ihnen aufweist – wenn auch solche, die eine eindeutige Zugehörigkeit nicht bestimmbar machen. So nehmen Werke, „die nicht geradeaus eine Idee verwirklichen"[5], für Clemens Kühn eine „Zwischenstellung" ein, zu deren Präzisierung „Art und Maß des formalen Ineinander (sic!) [...] ebenso konkretisiert werden [müssen], wie man dessen Gründen nachspüren sollte."[6] Eine solche Stellung kann sich für ihn u. a. aus der Zugehörigkeit zu zwei unterschiedlichen Prinzipien wie dem konzertanten und dem sinfonischen Prinzip oder der Abhängigkeit von zwei unterschiedlichen Formideen wie der des Rondos und der Sonate ergeben, sie kann aus der Einbindung historisierender Elemente oder einer neuartigen Rollenverteilung innerhalb einer etablierten Form entstehen. Bei der Musik, um die es in unserem Zusammenhang geht, entsteht die „Zwischenstellung" aus Verbindungen unterschiedlichster Art zwischen Musiken, die unterschiedlichen Räumen, Zeiten und kulturellen Milieus angehören – zwischen Musiken, die anders als die Fälle, die Kühn darstellt, eigentlich gar nichts (nicht einmal das musikalische Material[7]) miteinander gemeinsam haben. Die Kompositionen indessen, um die es geht, haben genau dies gemeinsam: dass sie sich auf „nicht zusammengehörige" Musiken beziehen.

Dies näher zu umreißen ist das Anliegen des Folgenden; es geht darum, eine quasi topologische Bestimmung zu ermöglichen, die sich nicht in der Beschreibung von Umrissen erschöpft, sondern die nach Funktionen der Phänomene fragt, die eine Konstituierung von Sinn und Bedeutung zulassen. Ziel ist es, den Ort von Musiken herauszustellen, die sich zwar

---

[4] Kühn 1989, S. 198-203
[5] Ebenda, S. 198
[6] Ebenda
[7] Zum Materialbegriff siehe S. 8, Anm. 2

von anderen unterscheiden, sich aber durch Gemeinsamkeiten mit ihnen und untereinander auszeichnen. Dadurch sind sie eben nicht irgendwie in einem Niemandsland „zwischen" etwas anderem zu verorten, sondern sie bilden quasi eine dritte Kultur, da sie sich dem verdanken, was man als Kulturen von zwei unterschiedlichen – und musikalisch unterscheidbaren – Lebensbereichen beschreiben kann. Dabei wird zu klären sein, ob diese Kultur einen einheitlichen Kern hat bzw. worin er besteht, oder ob ihre Einheitlichkeit (die die Bezeichnung „Kultur" rechtfertigen würde) gerade in der Vielfalt liegt. Mit den Begriffen „Crossover" oder „Fusion" versucht man im Jazz oder auch in der Popmusik das Feld phänomenal zu fassen, das auch hier in Rede steht; allerdings sind beide Begriffe nur auf die äußere Erscheinung gerichtet: Sie besagen, dass irgendetwas sich kreuzt bzw. dass irgendeine Verbindung hergestellt wurde. Damit ist zwar ein Beitrag zur Topographie dieser Erscheinungen geleistet; was in topologischer Hinsicht zu sagen wäre, bleibt aber ausgeblendet, solange unklar bleibt, was sich warum, in welcher Weise, in welcher Funktion und mit welchen Konsequenzen kreuzt bzw. welchen Sinn und welchen Gehalt zum einen die „fusionierten" Elemente behalten oder neu gewonnen haben, welchen Sinn und Gehalt das neu entstandene – z. B. in Hinsicht auf den Bereich, dem seine Elemente entstammten – gewonnen hat. Ähnliches gilt für den Begriff „Third Stream", den Gunther Schuller für Verbindungen zwischen Jazz und Kunstmusik prägte. Er besagt letztlich nur, dass es neben diesen beiden eine andere, dritte Art von Musik gebe; unklar bleibt, wodurch dieser „Strom" sich auszeichnet, außer dass in ihm Elemente beider anderer „Ströme" in irgendeiner Mischung vorkommen.

Schwierigkeiten entstehen dadurch, dass wir gewohnt sind, nicht nur von Musiken, sondern auch von Kulturen in räumlichen Begriffen zu sprechen. Bereits die Formulierung „Jazz in" setzt voraus, dass es einen Raum gibt, in dem Jazz seinen Platz findet. Auch die Rede von „Ortsbestimmungen", „Welten" und „Abgrenzungen", Topographien und Topologien unterstellt räumlich Gegebenes und legt entsprechende Methoden nahe, es zu beschreiben. Folgerichtig ist es insofern, dass wir z. B. auch von „Kulturtransfer" sprechen[8], als könne man eine Kultur verpacken, an einen anderen Ort versenden und dort in etwas anderes einbauen – gewissermaßen „Kulturimplantationen" vornehmen: „Jazz in Kompositionen" wäre dann das Ergebnis einer solchen Transplantation im Medium Musik. Eine solche Vorstellung ist allerdings nur begrenzt sinnvoll. Die Grenzen sind erreicht, wenn man die musiktheoretisch fasslichen Gegebenheiten beschrieben hat – selbst eine Rede vom „Material" wäre im Kontext solchen Denkens nicht angebracht, bleibe doch dessen

---

[8] Vgl. dazu Schatt 2009

historische Dimension, die das Materiale vom Materiellen unterscheidet, nicht mitbedacht. Vollends alles, was Musik zur „symbolischen Form" i. S. Ernst Cassirers werden lässt – ihre Aufladung mit kultureller Bedeutung und Bedeutsamkeit nämlich – lässt sich mit einer gegenständlich-objekthaften Vorstellung dessen, was transplantiert, transferiert oder auch transformiert sein soll, kaum verbinden. Musik, die aus einem anderen Kulturbereich stammt, unterscheidet sich von Menschen im Exil oder von Menschen mit einem Migrationshintergrund: Während diese selbst ihre ursprüngliche Kultur im Rahmen einer anderen „Welt" leibhaftig mit sich tragen und sie nach außen auch artikulieren können, sofern sie sich nach deren Normen und Werten orientieren und verhalten, bleiben in der Musik die Momente der anderen Kultur nur im Rahmen eines vergleichenden Beobachtungsprozesses erkennbar, da Musik *sich* nicht orientiert oder verhält, sondern nur frühere Orientierungen und Verhaltensweisen anderer Menschen erkennen lässt – und dies auch nur soweit, wie es die Orientierungen des Beobachters zulassen. Kulturtransfer oder auch Formen von Interkulturalität als Ergebnisse einer „Kulturimplantation" sind damit niemals Sache der Musik, sondern bestenfalls eine Angelegenheit derer, die diese hervorgebracht haben. Dem Musik- oder Kulturwissenschaftler bleibt nicht anderes übrig, als anhand der Ergebnisse die Spuren dieses Vorgangs der Hervorbringung zu suchen und ihn mit deren Hilfe zu rekonstruieren, soweit es geht. Bestimmbar sind allerdings die Verhältnisse zwischen Vorlage und komponiertem Ergebnis sowie dessen Relationen zu anderen Kompositionen. Diese wiederum lassen Rückschlüsse auf Haltungen und Einstellungen der Komponisten und ihre Intentionen hinsichtlich der Rezeption zu.

3. Welche Kulturen?

Wenn in Zusammenhang mit „Jazz" und „Kompositionen des 20. Jahrhunderts" eine Unterscheidung getroffen wird – eine solche wird vorausgesetzt, wenn von „Jazz in..." die Rede ist – geht man offensichtlich davon aus, dass Jazz nicht zu „den Kompositionen" des 20. Jahrhunderts zu zählen ist. In der Tat gehört es zu den Spezifika des Jazz, nicht komponiert, sondern improvisiert zu sein. Allerdings ist dies zum einen heute kein notwendiges Kriterium der Unterscheidung mehr, wenn man bedenkt, dass auch andere Musik sich anderen als kompositorischen Prozessen verdankt. Und umgekehrt gehört einiges für unser heutiges Verständnis in den Bereich des Jazz, zu dessen Realisation es Prinzipien und Materialien bedarf, die – wie das Arrangement – eher auf Komponieren als auf Improvisieren verweisen.

Ähnlich heikel ist eine Unterscheidung der „Kulturen", denen Jazz einerseits, Kompositionen des 20. Jahrhunderts angehören oder die diese gar bilden sollen. Wenn im Titel „Kulturen" unterschieden werden, könnte man zunächst an „die" Kulturen der früher so genannten „Neuen" und der „Alten" Welt und an ihre spezifische Musik denken. Dies liegt zumindest insofern nahe, als zur Zeit der Entstehung der hier in Rede stehenden Kompositionen der Jazz als „die Musik" Amerikas und die Konzert- bzw. Kunstmusik der Zeit und ihre Vorläufer zumindest den Zeitgenossen als „die Musik" der „Alten Welt" galt – und zwar in beiden „Kulturen". Allerdings bildete weder in Amerika noch in Europa die Musik den Spiegel einer Kultur, noch konstituierte sie gar deren Einheit. In der „Alten Welt" existierten außer artifizieller Musik selbstverständlich auch unterhaltend-funktionale Genres wie Operette, Schlager, Chanson oder Tanzmusik, die auf ganz anderen ästhetischen und kompositorischen Prinzipien beruhte, und in der „Neuen Welt" wurde das Musikleben nicht nur von Jazz, sondern auch von Folksongs, religiösen Hymnen und komponierter Musik aller Art bestimmt. Außerdem ist zu bedenken, dass Jazz (was auch immer man darunter verstand) seit Beginn des 20. Jahrhunderts in Europa vertreten war wie umgekehrt schon lange vorher europäische Musik in Amerika zu hören war. Mit „Jazz" und „Kunstmusik" vermögen wir allenfalls die typische Musik aus Teilbereichen dieser Kulturen, nicht aber deren repräsentative Form zu fassen, also nur dasjenige, was charakteristische Segmente dieser Kulturen von anderen unterscheidet, weil es nur in ihnen – also in Amerika bzw. in Europa – entstand und dort eine besondere Weise der Entfaltung erfuhr. Dabei können wir nicht umhin, auch bei dieser Einschränkung zuzugeben, dass diese Vorstellungen den Charakter eines

„Bildes" haben, das wir uns machen: Wir fassen zusammen und verzichten auf Differenzierung, um uns die Dinge deutlicher – und auch einfacher – zu machen.[9]

Während also die Zuordnung einer bestimmten Musik zu einer regional bestimmten „Kultur" fragwürdig bleiben muss, steht außer Frage, dass auch in Zeiten, in denen die Unterscheidungen zwischen „Alter" und „Neuer Welt" oder zwischen Kunst- und Gebrauchsmusik fallengelassen wurden, doch die Differenz zwischen den Lebenswelten erhalten blieb, für die jene „Musiken" als charakteristisch galten: dem Milieu der Hochkultur und den Milieus, die durch das Trivial- oder das Spannungsschema gekennzeichnet sind.[10] Damit aber nehmen wir weniger regional, temporal oder gar ethnisch umreißbare „Inhalte" in den Blick, wenn wir von „Kulturen" sprechen, sondern vielmehr Sinn-, Bedeutungs- und Geltungszusammenhänge, die mit den Inhalten verknüpft worden sind oder verknüpft werden können. Insofern heben wir hier auf einen Kulturbegriff ab, wie ihn mit Bezug auf Musik August Halm für die Fuge und die Sonate sowie für eine dritte Kultur, die Kunst Anton Bruckners, geprägt hat.[11] Halm vertrat die Auffassung, dass die beiden erstgenannten „Kulturen der Musik" sich völlig unterschiedlichen normativen Vorstellungen der Formung – und damit auch verschiedenen Vorstellungen davon, wie der Mensch mit den Gegebenheiten der Welt umgehen könne und solle – verdanken.[12] Für uns sind „Jazz" und „Kunstmusik" solche polaren Bereiche des Denkens in und über Musik und dessen Kontexte, so dass wir eine „Kultur des Jazz" und eine – ganz andere – der Kunstmusik annehmen. Auf Erstere gehen wir später ein; für Letztere gehen wir davon aus, dass sie nicht nur primär notiert ist bzw. in der Tradition notierter Musik steht, sondern dass das Verhältnis von Teil und Ganzem in einer Weise geplant ist, die den Ideen des Authentischen und Originellen in unverwechselbarer Weise in der Einheit des geschlossenen Werks verpflichtet sind.[13]

Worum es hier geht, sind also Sinngebungen von Begegnungen, die durch von Zusammenführungen dieser Kulturen in musikalischen Formen entstanden; sie können als Ergebnisse der Konstituierung von Bedeutung und Bedeutsamkeit[14] durch den Komponisten und als Anlässe zu deren Konstituierung durch die Hörerschaft gelten. Bei Begegnungen im anthropologischen wie auch hier im musikalischen Sinne haben wir es mit Wahrnehmung und deutendem Erkennen zu tun, mit Einschätzung des Anderen im Vergleich mit dem, was man

---

[9] Siehe dazu ausführlich Sachsse 2013.

[10] Vgl. Schulze 1992

[11] Vgl. Halm 1947 (1913)

[12] Vgl. Schatt 2000

[13] Auch sogenannte „offene Kompositionen" genügen – auf freilich dialektische Weise – dieser Vorstellung, sofern sie den Gedanken des Komponierens noch verwirklichen.

[14] Zu dieser Unterscheidung vgl. Schatt 2007 a

sein Eigenes nennt, und im ästhetischen Bereich im besonderen dokumentiert sich dies in einer Produktion durch Auswahl von Material und Einsatz von Material „als etwas" durch Anwendung von Technik.

4. Kultur ist kein Objekt

Wenn Kultur ein Objekt wäre, könnte man sie bewegen und mit ihr umgehen. So leicht allerdings ist ihr nicht beizukommen, denn sie entäußert sich zwar in Objektivationen, auch in Gegenständen – Bildern, Skulpturen, Büchern, Partituren –, aber in diesen geht nicht auf, was mit Kultur gemeint ist. Wenn wir von Kultur sprechen, meinen wir nicht ihre Entäußerungen, sondern deren Begründungen, Veranlassungen, Hintergründe – wir sprechen von Handlungsorientierungen und -motivationen. Denn Kultur ist kein Bereich von Gegenständen, sondern ein prozessualer Zusammenhang von Werten, Normen, Orientierungen, Interpretationen und Handlungsweisen, der sich in symbolischen Formen zeigt und durch deren Interpretation Gehalt gewinnt.

Dies schließt Kommunikation und Interaktion ein als Bedingungen dafür, dass ein soziales Etwas wie Kultur überhaupt entstehen kann. Wer also in eine Sonate eine Jazz-Passage oder Blue Notes einbaut, arbeitet im Horizont von kompositorischen Entscheidungen, die andere getroffen haben, zeitgleich irgendwo treffen und irgendwann treffen werden, setzt seine Orientierungen ins Verhältnis zu deren Orientierungen und teilt dies – als veröffentlichte Komposition oder Improvisation – anderen mit.

5. Kulturelle Durchlässigkeit

Bill Fontanas Klangskulptur bzw. Installation *Ohrbrücke/Soundbridge Köln - San Francisco* von 1987 kann als eine der Kompositionen des 20. Jahrhunderts gelten, in denen sich als Ergebnis darstellt, wozu viele andere Unternehmungen – dazu gehört auch der Rekurs artifizieller Komponisten auf Jazz – die vorbereitenden Schritte geleistet haben. In seiner *Ohrbrücke* hat Bill Fontana 1987 die Geräuschwelten von Köln und San Francisco mittels technischer Medien (Mikrophone, Aufzeichnungsgeräte, Mischpult, Satellit, Lautsprecher) miteinander zu einer urbanen Klangskulptur verbunden, die sich für den Hörer live mit den Klängen seiner realen Umwelt zu einer auditiven Einheit verband.

Alles scheint hier mit allem verknüpfbar zu sein: Zeitdifferenzen scheinen aufgehoben, räumliche Entfernungen überbrückt, Innenräume (die Klänge des Rheins wurden per Unterwassermikrophon aufgenommen) und Außenräume treten zusammen, die Scheinwelten konservierter und künstlich vermittelter Klänge fließen ununterscheidbar in die reale Klangwelt ein, Geräusche werden ästhetisiert, zugleich wird das ästhetische Produkt urbanisiert (auf öffentlichen Plätzen abgestrahlt), und im Zusammenhang damit werden die Klänge desemantisiert und zum artifiziellen Material umfunktioniert: Die Nebelhörner San Franciscos warnen nicht mehr vor Gefahren, die Kirchenglocken Kölns rufen nicht mehr zur Andacht auf, sondern verweisen – gedeutet als Zeichen für den Raum, in dem sie erklingen – nur noch auf den Anspruch auf Kunstcharakter, den das Arrangement erhebt.

Kommunikativität, Durchlässigkeit, Flexibilität, Transparenz – das sind Eigenschaften, die man ohne Übertreibung als Leitvorstellungen der Gegenwart bezeichnen kann und die in Fontanas *Ohrbrücke* brennspiegelartig zur ästhetischen Gestalt zusammentreten. Sie gelten keineswegs nur im Bereich der Kunst. Grenzen werden überwunden oder fallen von selbst, neue Freiheit wird genutzt, um vorher verschlossene Räume oder verbotene Möglichkeiten zu erkunden, das Spiel mit Ambiguitäten – und in diesem Spiel auch sich selbst – zu erproben. Dass dies nicht unproblematisch ist, wissen wir aus vielen Alltagserfahrungen:

- Auf politischer Ebene bereitet die Durchlässigkeit nationaler Grenzen ökonomische, soziale und psychische Schwierigkeiten;

- ähnliches gilt, wenn kulturelle Grenzen fallen – wir haben heute in der BRD eine gesellschaftliche bzw. kulturelle Struktur, die weniger durch Einkommensverhältnisse und Berufsstand als vielmehr durch alltagsästhetische Schemata erklärbar ist.[15]

---

[15] Vgl. Schulze 1992

- Altersabhängige Verhaltensschemata verschwinden (ich denke weniger an die „Berufsjugendlichkeit" des Lehrerstandes als vielmehr an den von Neil Postman konstatierten Verlust der Kindheit einerseits, das von der Werbung und den Massenmedien propagierte und von vielen Erwachsenen bereitwillig übernommene Ideal „ewiger Jugend" andererseits).

- Imagination und Wirklichkeit vermischen und durchdringen sich nicht nur bei Bill Fontana, sondern auch in den elektronisch erzeugten virtuellen Welten.

- Hierarchische Strukturen werden aufgelöst – nicht nur im Bereich gesellschaftlichen Lebens, sondern längst auch in der Musik: Die einstige „Nebensache" des Klanges (gegenüber den primären Komponenten Diastematik, Harmonik, Rhythmik) wird im Techno und in vielen Werken elektroakustischer Musik zur „Hauptsache", zum wesentlichen Träger des ästhetischen Reizes bzw. der Gruppenidentität.

- Die zentralen ästhetischen Kategorien Raum und Zeit werden als Mittel der phänomenalen Unterscheidung zwischen bildender Kunst und Musik fragwürdig. Im Zuge der künstlerischen Produktion vor allem unseres Jahrhunderts wurde die bildende Kunst musikalisiert bis hin zur Klanginstallation und auditiv orientierten Performance, die Musik wurde verräumlicht.[16]

- Die Grenze zwischen Natur und Kunst schwindet. Längst gehören Geräusche zu den kunstfähigen Materialien, können Töne durch Geräusche ersetzt oder überdeckt werden: Das ehemals falsche Spiel auf einem Instrument ist in vielen Kompositionen Neuer Musik gerade gefragt, die elektroakustische Verzerrung gehört zu den Standardrepertoires popularmusikalischer Klangwelt, und Aufnahmen von Vogelstimmen, die einst in den Bereich der Ornithologie gehört hätten, werden zur Komposition erklärt (dabei ist nicht an die Transkriptionen von Vogelstimmen bei Olivier Messiaen zu denken, sondern an Arbeiten wie Walter Tilgners *Sommer* von 1984).

- Im Zusammenhang damit sind sicherlich auch die Grenzüberschreitungen zwischen „unterhaltender" und „artifizieller" Musik zu sehen. Sie wurden nicht nur auf der Gebrauchsebene realisiert (Sandra fordert in Michael Cretus *Enigma* zu einer Art erotisch fundierter Kontemplation auf [17], und die unterhaltende Funktion von „Klassik" im Wartezimmer des Zahnarztes liegt auf der Hand), sondern auch auf der Ebene der musikalischen Faktur: Nicht wenige Stücke, deren Instrumentation und sozialer Hintergrund auf eine Herkunft aus dem „U"-Bereich verweisen, haben einen experimentellen Charakter, wie er traditionell eigentlich der (kunstmusikalischen) Avantgarde anhaftet (das gilt für Free

---

[16] Vgl. Schatt 2012
[17] Vgl. Schatt 1991

Jazz ebenso wie für Pink Floyds Stück *Sysiphus* aus dem Jahre 1969, aber auch im Bereich von Undergroundmusik, wie es z. B. Techno zumindest in seiner Anfangszeit war, tut sich derartiges), und umgekehrt versichern sich nicht wenige junge Komponisten tradierter Repertoires, die beim Geschmack eines breiten Publikums seit langem Anklang gefunden haben.

All dies, was wir für die Gegenwartskultur konstatieren können, steht im Kontext langer Entwicklungen. Die „Kulturen", die einst kategorial für den Menschen und seine ästhetischen Erzeugnisse maßgeblich waren (räumlich, zeitlich, als materiale, technische, geschmackliche und soziale), diffundieren, so dass Lösungen entstehen können, die vor dem Hintergrund ehemaliger Normativität als Phänomene einer flexiblen „Zwischenwelt" gelten können. Die Erscheinung, dass Jazz in Kompositionen Eingang gefunden hat, gehört dazu.

6. Exkurs: Kultur im multikulturellen Raum – Perspektiven für Pluralität

Dass Musik heute in einer noch nie dagewesenen Pluralität gegenwärtig ist oder vergegenwärtigt werden kann, ist das Ergebnis einer Entwicklung, die mit Reisen in andere Länder und Interesse an der dort gepflegten Musik begann und die im Zuge der – auch medialen – Globalisierung ungeahnte Möglichkeiten des Zugangs eröffnete. „Musik" umgibt uns als Musik verschiedener Epochen, verschiedener Gattungen, verschiedener Personen, verschiedener Völker, verschiedener Bevölkerungsgruppen, verschiedener Segmente dieser Gruppen: In Techno, HipHop, House, Soft-, Heavy-, Speed-Metal, Punk, Blues, Jazz, Crossover, in indonesischer Gamelanmusik, türkischer Folklore, Gesängen der Don-Kosaken, deutschen Schlagern, Marschmusik, Musik des Generalbasszeitalters, den Klavierkonzerten Rachmaninows, den Opern Verdis oder Wagners, den Kompositionen für Soloinstrumente Helmut Lachenmanns, den Streichquartetten Haydns oder Wolfgangs Riehms, den Klavieretüden Chopins oder Ligetis, den Konzepten John Cages oder den Kammersinfonien Arnold Schönbergs finden verschiedene Menschen verschiedene Möglichkeiten, ihre Erwartungen und Ansprüche an das Leben mit Hilfe von Musik zu verwirklichen. Soviel nämlich lehrt die Kultursoziologie: Vielfalt gibt es nicht, weil sie möglich ist, sondern weil sie als Korrelat zu vielfältigen menschlichen Bedürfnissen notwendig ist. So verstanden, ist die gegenwärtige musikalische Vielfalt nichts Äußerliches. Schon Arnold Schönberg unterschied zwischen Stil und Gedanke, ganz im Sinne der Lexikon-Definition, Stil sei „die jeweils besondere Art und Weise der Formung und Gestaltung, in der Haltungen, Verhalten, Vorstellungen von sozialen Gruppen oder Individuen erscheinen"[18]. Folgt man Schönbergs Ausführungen, so ist Stil bloß die äußere Erscheinungsform, deren Funktion darin besteht, den Gedanken zur Darstellung zu bringen. Zwar gebe es, so Schönberg, auch ein musikalisches Denken, das sich auf die Darstellung von Stil ausrichte. Dieses aber lehnt er ab, da es sich an abgeleiteten Äußerlichkeiten – an Regeln als Bestandteilen eines Stils – orientiere. Stil habe sich vielmehr als Konsequenz aus den „natürlichen Bedingungen, die den ausdrücken, der ihn hervorbrachte" gleichsam von selbst daraus zu ergeben, dass der Komponist unaufhörlich versuche, „dem Gedanken gerecht zu werden"[19]. Als „Gedanke" gilt Schönberg „die Totalität eines Stückes"[20]: eine Substanz der Musik, die vom Primat einer quasi-logischen Geschlossenheit des Zusammenhangs aller die Darstellung ermöglichenden Elemente gekennzeichnet ist.

Schönberg unterschied also zwischen Stil und Gedanke als Funktions- und

---

[18] Brockhaus Bd. 21, S. 224
[19] Schönberg 1992, S. 49
[20] Ebenda, S. 51

Substanzbegriff. Damit entfaltete er ein normatives Moment im Musikbegriff, das für die abendländische Idee des musikalischen Kunstwerks charakteristisch ist. So finden wir bei August Halm einen vergleichbaren, von der Vorstellung des ästhetisch gelungenen Werks bestimmten Musikbegriff. Allerdings fasst Halm „Stil" im Gegensatz zu Schönberg nicht als ein der Musik Äußeres, Funktionales auf, sondern als ein Ideal des Komponierens, unter dessen Prämisse er die Bedingung für die Möglichkeit einer musikalischen Kultur – und zwar der Kultur, die in der Fuge ihre Darstellung findet. „Stil" erscheint ihm als das Ergebnis einer besonderen Achtsamkeit des Komponisten auf „dasjenige, was das Gestalten im einzelnen angeht"[21] – einer Konsequenz aus der gattungsästhetisch begründeten Anforderung, das Ganze der Fuge müsse die Qualität des Besonderen, nämlich des Themas, zur Erscheinung bringen. „Fuge" wäre damit eine vom Gedanken des „Stils" bestimmte musikalische Gestaltungsweise mit der Funktion, die Substanz eines Themas zu entfalten.

Demgegenüber können und müssen Themen in der anderen Kultur, nämlich der Kultur der Sonate, durch sich selbst und bereits bei ihrem ersten Erscheinen Aufmerksamkeit auf sich ziehen, denn ihr Schicksal sei es, in den Dienst des Ganzen zu treten: Ihre Funktion bestehe darin, die Form, den „grossen Organismus als solchen"[22], der die Substanz der Sonate ausmache, zu ermöglichen und damit das andere Ideal des Komponierens zu verwirklichen.

Halm sah offenbar in Stil und Form zwei Möglichkeiten, Kulturen zu artikulieren: zwei Lösungen des Problems hervorzubringen, das Besondere und das Allgemeine im Spannungsfeld von Funktion und Substanz in Relationen zu setzen, die den Anforderungen einer Ästhetik des gelungenen Kunstwerks gerecht werden. Seine „zwei Kulturen" sind also keineswegs bloß Gattungen oder objektive Gestaltungen, sondern es sind Weisen, in Musik zu denken. „Fuge" und „Sonate" sind demnach funktionale Modi, durch deren Vermittlung musikalisches Denken im Horizont der substantiellen Ideale „Stil" und „Form" Gestalt annehmen kann. Und unter der Prämisse der Forderung nach ästhetischem Gelingen wird die Synthese der beiden Ideale, die Halm bei Bruckner verwirklicht sah, zur Grundlage der Apologie einer dritten Kultur der Musik als der integralen Verwirklichung aller Möglichkeiten, die der Substanz des musikalischen Materials innewohnen.

Nicht nur die Entwicklung der abendländischen Kunstmusik, sondern auch der Blick auf Musikkulturen anderer Völker mit ihrer völlig andersartigen Dimensionierung etwa der musikalischen Zeit oder der Bestimmtheit und Konstellation von Tonhöhen, darüber hinaus ferner die Einsicht, dass auch nicht artifiziell verfasste Musik den Menschen etwas bedeuten

---

[21] Halm 1947 (1913), S. XLIII
[22] Ebenda

könne, lässt uns das normative Moment in den genannten Bestimmungen obsolet erscheinen. Mehr noch: In Frage steht auch die Tragfähigkeit und Stimmigkeit der Kategorien Substanz und Funktion – sowohl innerhalb von Musik als auch hinsichtlich ihres Gebrauchs in musikbezogenen Zusammenhängen. Anders gesagt: In Frage steht, ob wir es bei den oben genannten Erscheinungen musikalischer Gegenwartskultur mit funktionalen Ausfaltungen einer als substantielle Einheit verstehbaren Musik – und dies im Kontext einer als ebensolcher Einheit interpretierbaren, lediglich in Teilkulturen oder Szenen differenzierten Kultur – zu tun haben (als „Stile" im Sinne Schönbergs oder als „Kulturen" im Sinne Halms) oder ob wir von einer unzusammenhängenden Vielheit von Musiken nur in Raum und Zeit zusammentreffender, nicht aber im Inneren verbundener Kulturen im Sinne einer echten Multikulturalität ausgehen müssen.

Mit Blick auf Musik ist ein entscheidender Hinweis Carl Dahlhaus zu danken. Er führt in seinem zusammen mit Hans Heinrich Eggebrecht verfassten Buch „Was ist Musik?" aus, dass heute zwar die Voraussetzungen für eine Ästhetik fehlen, die eine musikalische Einheit fundieren könnte: nämlich ein Korrelat in der musikalischen Wirklichkeit für die Vorstellung Kants, das Subjektive strebe der Konvergenz in einem Gemeinsinn zu. Humanität aber könne nicht nur – wie bei Kant (auch bei Schönberg und Halm) gedacht – in der Entdeckung einer gemeinsamen Substanz bestehen, sondern auch „in dem Prinzip der Respektierung einer unaufhebbaren Andersheit ihren Ausdruck finde[n]."[23] Dazu allerdings sei die Idee der „einen" Musik als Substanzbegriff preiszugeben, „um sie als regulatives Prinzip wechselseitiger Verständigung zu restituieren".[24]

Dieser Gedanke ließe sich problemlos – gleichsam im Sinne einer Option – auf den Kulturbegriff übertragen. Nicht zwei oder drei oder viele Musikkulturen wären anzunehmen, sondern eine einzige Musikkultur, deren Horizont durch die Akzeptanz von Vielfalt und eine Option auf die Möglichkeit der Verständigung über unterschiedliche Ausfaltungen des Denkens in Klängen und ihrer Darstellung von Zeit in der Zeit – dem phänomenologisch fundamentalen Merkmal von Musik schlechthin – gekennzeichnet wäre. Musik in all ihren Phänomenen wäre dann zu fassen als im spezifischen Medium des Klanges entfaltetes menschliches Denken, dessen, Kultur das Funktionieren dieser Entfaltung zu verantworten hätte. Ein solcher Musik- und Kulturbegriff würde dem gerecht, was Ernst Cassirer aus kulturanthropologischer Perspektive schrieb: „Im ganzen genommen, könnte man die Kultur als den Prozeß der fortschreitenden Selbstbefreiung des Menschen beschreiben. Sprache,

---

[23] Dahlhaus/Eggebrecht 2001, S. 17
[24] Ebenda

Kunst, Religion und Wissenschaft bilden unterschiedliche Phasen in diesem Prozeß. In ihnen allen entdeckt und beweist der Mensch eine neue Kraft – die Kraft, sich eine eigene Welt zu errichten."[25]

Mit Selbstbefreiung meinte Cassirer einen Übergang von konservativen zu produktiven Kräften. Ein solcher Übergang erscheint nur möglich auf der Basis einer vom Gedanken der Solidarität getragenen Toleranz. Grundlage für Letztere wiederum wäre eine Identität, zu deren Spezifika ein Interesse am Anderen gehören dürfte, welches dessen genuine Sinnhaftigkeit in einen bedeutungskonstitutiven Zusammenhang mit dem Eigenen zu bringen sucht. Eine solche „Identität in Übergängen"[26] würde sich der aktuellen Pluralität in dem Maße als gewachsen erweisen, wie sie durch ein Ich konstituiert würde, das Halt bietet, ohne sich in Einheits- oder Ganzheitsvorstellungen zu arretieren.

---

[25] Cassirer 1992, S. 345. Freilich steckt in diesem Kulturbegriff eine gewisse Normativität, da er auf Selbstbefreiung im Rahmen eines teleologischen Geschichtsverständnisses gerichtet ist.
[26] Welsch 1995, S. 197

7. Im Spannungsfeld des Normativen

Zentraler Gedanke der *Ohrbrücke* Fontanas war die Herstellung einer akustischen Brücke zwischen den Kontinenten und Menschen, einer auditiven Verbindung zwischen Orten, die eine Begegnung zwischen dem Hörbaren und den hörenden Menschen herstellen sollte. Diese Idee gilt prinzipiell für alle Erscheinungen, durch die künstlich Begegnungen herbeigeführt werden. Warum aber konstruieren und betreten wir solche Brücken, warum arbeiten wir an der Erweiterung oder Sprengung von Grenzen, warum nehmen wir Verbindung auf oder stellen sie her, was suchen wir in der Begegnung?

Wenden wir noch einmal unseren Blick auf den Alltag. Verbindungen und Begegnungen auch mit fernen Ländern und ihren Kulturen sind heute Selbstverständlichkeit, und es hat sie auch früher schon gegeben.

Zur Jugendzeit des Verfassers sang Cornelia Froboess:

„Eine Reise in den Süden ist für manchen chic und fein,

doch zwei kleine Italiener möchten gern zu Hause sein."

Nimmt man den Text beim Wort, scheinen drei Motivationen für das Reisen durch:

1. Man folgt einer Mode, tut, was vorübergehend ganz allgemein soziales Prestige verleiht, was momentan „chic" ist;

2. man erfüllt eine Verhaltensnorm einer bestimmten sozialen bzw. kulturellen Schicht, um von ihr als dazugehörig: als „fein" beurteilt werden zu können;

3. man folgt einem zwar auch im Kollektiven wurzelnden, aber primär als individuell empfundenen Gefühl, der Sehnsucht nach dem „Anderen": hier der Heimat Italien, der man fern ist. (Das gilt umgekehrt auch für die „Fremde", sofern man der Heimat überdrüssig ist.)

Damit sind die Motivationen dafür, dass Menschen sich freiwillig aus ihrem gewohnten Umfeld entfernen, nicht erschöpft. Goethe folgte mit seiner Italienischen Reise zweifellos auch einer gesellschaftlichen Norm; zugleich aber veranlasste ihn auch ein Informationsbedürfnis, ein Bildungshunger, der aus seiner spezifischen Tätigkeit erwachsen war, die Stätten aufzusuchen, an denen man den Ursprung abendländischer Kultur vermutete.

Grundsätzlich sind damals wie heute vier zusätzlich zu den oben genannten Ursachen vier weitere Gründe dafür anzunehmen, dass Menschen sich in die Ferne wenden:

1. Man sucht der Anspannung des Alltags zu entgehen, indem man die Eindrücke einer anderen Umgebung einfach auf sich wirken lässt;

2. man stellt gezielte Erkundungen, Untersuchungen, Forschungen an, um sich zu bilden;

3. man versucht, die eigene Kultur zu verbreiten;

4. man bemüht sich, die fremde Kultur zu erhalten.

In diesem sozialen und kulturellen Spannungsfeld sind auch die Kompositionen zu verorten, denen das Interesse im Folgenden gilt.

Was sich in der Musik als Exotismus, Folklorismus oder eben in der Hinwendung zum Jazz artikuliert, verdankt sich prinzipiell jenen Interessen am Fremden, als deren räumliche Konsequenz das Reisen gelten kann. Dieses Allgemeine wurde hier zunächst mit dem Besonderen Musikalischen in Beziehung gesetzt, um deutlich zu machen, dass es nicht darauf ankommt, den Kontakt zu konstatieren und die Elemente, in denen er sich abzeichnet, unter dem Aspekt ihrer Echtheit zu benennen. Vielmehr geht es darüber hinaus darum, die Funktion zu ermitteln, die dem Anderen bei diesem Kontakt zugewiesen wurde, will man zum Verständnis dessen vordringen, was „Musik" für den einzelnen Komponisten bedeutete. Adornos Diktum „Jazz ist nicht, was er ‚ist', er ist, wozu man ihn braucht"[27] erhält von hier eine unbeabsichtigte, neue, in doppelter Hinsicht erkenntnisleitende Bedeutung. Wird, was im Jazz als Fremdes festzustellen ist, überhaupt als Fremdes erkannt, oder wird es als Ähnliches oder als Gleiches gesehen? Welche Relation wird hergestellt, wie wird das Andere auf das Eigene bezogen, welche Funktion hat das Andere im ästhetischen Kontext des Eigenen? Beantworten können wir die Fragen für den Bereich musikalischer Hervorbringungen nur, wenn wir die Relationen von Materialien und Techniken im kategorialen Kontext untersuchen: im Kontext ihrer jeweils ursprünglichen Regelhaftigkeit.

Wer komponieren will, muss Entscheidungen fällen, und dies geschieht auf der Basis von Unterscheidungen: Was will ich, was nicht? Worin besteht mein kompositorisches Anliegen?[28] Mit welchen Mittel kann ich es verwirklichen, welche sind ungeeignet? Auf welcher Basis kann ich mich verständlich machen? Von hier geraten Kenntnisse und Erfahrungen in den Blick, die der Komponist und andere im Umgang mit musikalischem Material gemacht haben: Sedimente dessen, was schon war, wie es war, ob und in welchen Hinsichten es sich bewährt hat – und zugleich Möglichkeiten, vor dem Hintergrund dieses Wissens und dieser Erfahrungen weiter zu arbeiten. Auch in dieser Hinsicht sind Entscheidungen fällig: Will ich ganz Neues machen? Will ich eine Tradition fortsetzen? Will ich im Rahmen des Tradierten neue Aspekte verwirklichen? All diese Entscheidungen verpflichten den Komponisten darauf, sich mit Regeln – Kompositionsregeln, ästhetischen

---

[27] Adorno 1998 b, S. 77

[28] Vgl. Schlothfeldt 2009, S. 53 ff.

Regeln der Akzeptanz und Geltung, sozialen Regeln, Regeln menschlichen Verstehens – auseinanderzusetzen.

Kompositorische Regeln formulieren, mit welchen Techniken welches Material in welche Form gebracht werden kann, um als ästhetisch akzeptabel bzw. glaubwürdig zu gelten. In dem Maße, wie nicht die korrekte Befolgung von Regeln, sondern der originelle und individuelle Umgang mit ihnen über den Kunstcharakter eines ästhetischen Produkt entschied, wurde jene Entwicklung möglich, als deren Ergebnis sich z. B. Bill Fontanas *Ohrbrücke* präsentiert. Ohne allzu große Übertreibung kann man sagen, dass heute jeder Komponist seine eigenen Regeln entwickeln kann. Manche haben sich auf der Suche nach Objektivität bzw. nach Allgemeingültigkeit ergeben (bei Tom Johnson bzw. Yannis Xenakis), andere auf der Suche gerade nach Möglichkeiten subjektiven Ausdrucks. Nach wie vor gilt als oberstes Kriterium die Überzeugungskraft der klingenden (oder auch stillen) Erscheinung, so dass Kunst als ein Forschungssystem zu erscheinen vermag, mit dessen Hilfe die Grenzen menschlicher Möglichkeiten ermittelt werden sollen.

Dies aber ist das Ergebnis einer langen Entwicklung künstlerischen Selbstverständnisses, und die Zuwendung der Komponisten zum Jazz beleuchtet ganz unterschiedliche Facetten dieser Entwicklung. Ob bzw. in wieweit sie durch diese Zuwendung vorangetrieben wurde, ist vielleicht die wesentlichste Frage, die sich in diesem Zusammenhang stellt.

In den Anfängen der Begegnung stellte sich Jazz als eine Musik dar, die einer Regelhaftigkeit genügte, welche prinzipiell anders war als die artifiziellen Komponierens, ja anders als die allgemein verbreiteter Musik überhaupt. Dies ermöglichte überhaupt seinen Reiz, es ermöglicht seine Unterscheidung, und es ermöglicht dem Analytiker, ihn als solchen zu erkennen, wenn er in einem anderen Kontext auftritt.

8. Die eine Kultur: Jazz

Was ist Jazz? Die Antworten in der Literatur sind heterogen und beziehen sich in der Regel auf geschichtliche, funktionale, strukturelle und formale Aspekte. Einigkeit besteht darüber, dass es sich um eine Musik handelt, die sich einer Entwicklung verdankt, die gegen Ende des 19. Jh. von den Nachfahren der durch Sklavenhandel in die Südstaaten der USA verschleppten Afrikaner in Gang gesetzt wurde. Einig ist man sich ferner darüber, dass dabei Elemente schwarzafrikanischer Musikkultur in Beziehung zu Elementen „weiß"amerikanischen Musizierens gesetzt wurden. Die Unklarheiten beginnen bei der Etymologie des Begriffes „Jazz"[29] (er wird seit ca. 1917 gebraucht) und setzen sich bei der Frage fort, welche Erscheinungen sich welcher Herkunft und welchen Verbindungsprozessen verdanken. Vor allem divergieren die Ansichten darüber, welche Musik mit „Jazz" bezeichnet werden solle. Was der Brockhaus mit seiner Definition für den gegenwärtigen Stand berechtigterweise leistet, nämlich ihn angesichts seiner Funktion im Musikleben abzugrenzen von marktorientierter afroamerikanischer Popularmusik (Soul, Rock usw.) und ihn aufgrund der ethnischen Zugehörigkeit seiner maßgeblichen Innovatoren als „afroamerikanische Kunstmusik des 20. Jh."[30] zu definieren, steht durchaus im Widerspruch nicht nur zum Begriffsverständnis etwa Barry Kernfelds, der im New Grove Dictionary of Jazz feststellt, dass Jazz an „folk, popular" und „art music" teilhabe[31], sondern auch zum Begriffsverständnis früherer Zeiten. Noch zu Gershwins Zeit konnten, wenn nicht für die Jazzfachleute, so doch für das Publikum, zu dem auch die in Rede stehenden Komponisten gehörten – die verschiedensten musikalischen Produkte im Bereich populärer Musik unter diesen Begriff fallen. Gershwin selbst stellte fest, dass „das Wort ‚Jazz' für mindestens fünf oder sechs verschiedene Musiktypen benutzt"[32] werde. Offenbar schwebte ihm die Musik Paul Whitemans ebenso vor wie die des Dixieland- oder des New-Orleans-Stils. Auch Adorno bezieht sich in seinem Aufsatz „Über Jazz" (1936) ausdrücklich auf Charleston, Foxtrot, Tango, „Six-eight"[33] – also auf die populäre Tanzmusik seiner Zeit. Damit war beiden die scharfe Trennung fremd, die Gunther Schuller und Joachim Ernst Berendt vornahmen: Für sie ist die Improvisation ein notwendiges Kriterium, so dass alles, was keine Kunstmusik ist, aber auch keine Improvisation enthält, der Unterhaltungsmusik zuzurechnen sei. Von ihr sei Jazz

---

[29] Im Allgemeinen wird er auf das Slangwort „jazzy" (erregend, bunt) zurückgeführt.
[30] Brockhaus Enzyklopädie Bd. 11, Mannheim 1990, S. 142 f.
[31] The New Grove Dictionary of Jazz Bd. 1, London 1988, S. 580
[32] Gershwin 1959, S. 28
[33] Vgl. Adorno 1998 b

ebenso streng zu unterscheiden wie von seinen Vorformen, dem Cakewalk, dem Ragtime, dem Boogie-Woogie, dem Spiritual und dem Gospelsong.[34]

Die Begriffsverwirrung ist kein Merkmal der Vergangenheit: Wenn heute der Begriff „Jazz" von den afroamerikanischen Musikern als Symbol der Rassendiskriminierung weitgehend abgelehnt und durch „Black music" ersetzt wird, steht dies im Widerspruch zu der Tatsache, dass nicht nur heute, sondern auch in der Vergangenheit auch weiße oder andersfarbige Musiker durchaus glaubwürdige Beiträge zur Entwicklung der in Rede stehenden Musik geleistet haben. Insgesamt erscheint es demnach am sinnvollsten, sich nicht an Begriffsdefinitionen zu klammern, sondern entweder von afroamerikanischer Musik zu sprechen oder – gleichsam als Hilfskonstruktion – zumindest hier als „Jazz" dasjenige zu bezeichnen, was die Komponisten jeweils darunter verstanden haben. So können jedenfalls auch Vorformen wie Ragtime und Blues in den Blick kommen, die in der Anfangsphase Gegenstand der Zuwendung zu afroamerikanischer Musik waren.[35]

In Letzterer können bestimmte Gestaltungsprinzipien zumindest bis zum Entstehen des Free Jazz als Konstanten gelten. Sie beziehen sich auf Diastematik, Rhythmus, Intonation, Tonbildung und Improvisation.

Diese Dinge können hier nur grob zusammengefasst werden. Zu nennen sind als wichtigste Erscheinungen

- die Blues-Skala als zentrales Material (im Ragtime erscheint sie bereits durch Chromatik modifiziert),

- der „swing" als zentrales rhythmisches Moment, das auf kleine Abweichungen vom regelmäßigen Puls im Zusammenhang mit einer zusätzlichen Akzentuierung von 2 und 4 im 4/4-Takt und in Verbindung mit einer ternären Darstellungsweise zurückzuführen ist. Er dürfte in erster Linie für den Eindruck einer körperbetonten Elastizität, die bei allem Spannungsreichtum immer gelassen bleibt, verantwortlich sein und primär die verbreitete Rezeption des Jazz als einer Musik, der zumindest tendenziell ein tänzerisch-beschwingter Charakter anhaftet, zu verantworten haben.

Ferner

- die „dirty tones", die „smear"- und „whip"-tones, die „attack", bei der sich eine sforzato-Artikulation mit einer Veränderung der Tonhöhe nach unten verbindet, also Intonations- und Artikulationsbesonderheiten (zu denen auch der Gebrauch extremer Lagen, die ausgiebige Verwendung des Dämpfers bei Blechblasinstrumenten, die Glissandi zu

---

[34] Vgl. Schuller 1968; Berendt1953, S. 5 und 10 f.

[35] Bisweilen ist es sinnvoll oder notwendig, nicht auf einen strengen, sondern auf diesen eher fiktiven „Jazz"-Begriff Bezug zu nehmen. In diesem Falle wird der Begriff in Anführungszeichen gesetzt.

rechn wären). Hier wurden vokale Besonderheiten „schwarzen" Sprechens, die der Charakterisierung momentaner Gemütslagen dienten (Kehllaute, Falsett und Schleiftöne), auf die instrumentale Praxis übertragen. Sie haben die Aufgabe, die Instrumente gleichsam zum „Sprechen" zu bringen, so dass die Persönlichkeit des Musikers Ausdruck finden kann. Es geht dabei nicht um „schönes", sondern um charakteristisches Spielen, das den Primat des Individuellen – als ästhetisches Kriterium für den Kunstcharakter der Improvisation – zu gewährleisten hat. Insofern dient die Artikulation im Jazz nicht – wie in der Kunstmusik – der Interpretation musikalischer Zusammenhänge (bei der auch Persönliches mitschwingt, die aber im Dienste des Kunstwerks stehen sollte), sondern der unmittelbaren Selbstdarstellung.

•   Damit gerät der entscheidende Aspekt in den Blick, der letztlich den Sinnzusammenhang zwischen den genannten Elementen – denen noch standardisierte Repertoires der Harmonik (kadenzielle Bindung) und der Form (call-and-response-Prinzip; walking bass) hinzuzufügen wären –: die Improvisation. Die genannten Erscheinungen sind als Voraussetzung oder Ergebnis spontanen Musizierens zu verstehen. Die Bedingung, dass Jazz nicht schriftlich fixiert und reproduziert, sondern im Augenblick des Erklingens – nach Maßgabe mehr oder weniger genauer Übereinkünfte – hervorgebracht wird, weist allen formalen Kategorien eher eine funktionale Rolle zu, während die Substanz der Musik in denjenigen Komponenten des Materials zu suchen ist, in denen die Möglichkeiten spontanen Ausdrucks von vornherein enthalten sind: den Spezifika des Tonmaterials – und nicht seinen motivischen Konfigurationen –, der klanglichen Seite der Harmonik – und nicht ihrem funktionalen Beziehungsgefüge –, den für „swing" konstitutiven Momenten der Rhythmik – und nicht den konkreten rhythmischen Figuren – und allen Charakteristika der Artikulation. An ihnen äußert sich die Vitalität, die Jazz und Jazzverwandtes seinen Anhängern allgemein, im besonderen aber den europäischen Rezipienten so faszinierend erscheinen ließ. Insofern finden sich – gleichsam in kondensierter Form – die Implikationen der Improvisation auch noch in komponierten Erscheinungen wie dem Ragtime. Und umgekehrt kann die Tatsache, dass er notiert war, als sekundär gelten, da bei dessen Darbietung – wie auch bei der Ausführung eines Arrangements – Freiheiten hinsichtlich der Tonhöhe, der Zeitgestaltung und der Artikulation nicht nur erwünscht, sondern für die Authentizität der Musik unabdingbar waren.

9. Die andere Kultur: Kunstmusik

Von hier lässt sich die wesentliche Differenz zur mitteleuropäischen Kunstmusik fassen. Sie ist bis zur Aleatorik durch die Vorstellung einer Geschlossenheit bestimmt, deren Verbindlichkeit der Notentext artikuliert und die in enger Verbindung mit den Kriterien der Einmaligkeit und Originalität steht, welche die Authentizität des Werks garantieren sollten.[37] Die Spannung zwischen diesen Momenten – insbesondere der notierten Dokumentation der damit verbundenen Abgeschlossenheit und Wiederholbarkeit sowie der inneren Logik – und den Charakteristika des Jazz bildet den Rahmen der hier vorliegenden Überlegungen. Diese enden daher zeitlich mit jener Auflösung normativer Vorstellungen, die Hand in Hand mit der Etablierung des Free Jazz ging. Sie beziehen sich auch nur auf Instrumentalmusik, da in der Vokalmusik die Implikationen des Textes – in der Oper darüber hinaus die der Handlung – zu berücksichtigen wären, was einer eigenen Untersuchung bedürfte.

---

[37] Vgl. Schatt 2007 b

10. Rezeption

Jazz und Kunstmusik standen in Europa und Amerika in durchaus unterschiedlichen Traditionszusammenhängen. Im Folgenden können nur die europäischen Komponisten berücksichtigt werden. Auf allgemeine Ausführungen zur Geschichte der Verbreitung und Rezeption des Jazz in Europa muss verzichtet werden. So viel aber lässt sich konstatieren: Seine Aufnahme zeigt ein Stück Zeitgeist insofern, als die Gründe dafür, dass die einen ihn schroff ablehnten, die anderen ihn begeistert aufnahmen, in denselben Sachverhalten zu suchen sind, die nur entgegengesetzt bewertet wurden: Er stellte sich als eine tänzerisch-beschwingte, in vielfacher Hinsicht musikalisch und im Gebrauch unkonventionelle, aber problemlos rezipierbare, an der Oberfläche interessant differenzierte, im Inneren aber glatt gefügte Musik dar, die den einen als Indiz ruchlosesten Sittenverfalls erschien, den anderen als Inbegriff der Freiheit Amerikas.

Hier liegt denn auch ein übergreifendes Moment. Man kann davon ausgehen, dass in dem Maße, wie die Kunstmusik spätestens seit der Jahrhundertwende durch zunehmende Differenzierung des Materials an Esoterik gewann, ihre Entfremdung zu einem Publikum zunahm, das durch soziale und mediale Entwicklungen in wachsendem Umfang Kontakte zur Musik knüpfen konnte. So zeigte sich ein Bedürfnis nach Veränderungen nicht nur bei dem Teil des Publikums, der nach leichter Unterhaltung verlangte, sondern auch bei „ernsthaften" Musikfreunden und solchen Komponisten, denen ein gutes Verhältnis zum Hörer am Herzen lag. Insofern erscheint es nicht als Zufall, sondern als Konsequenz aus den bestehenden Verhältnissen, dass eine Reihe namhafter Komponisten in Europa, die zur musikalischen Moderne zu rechnen sind, demjenigen, was sie als Ragtime, Blues oder Jazz kennenlernten, nicht nur Aufmerksamkeit schenkten, sondern einen mehr oder weniger großen Einfluss auf ihr eigenes Schaffen einräumten.

Die Kluft zwischen „leichter" und „ernster" Musik zu überwinden – oder sie durch Bloßstellung, Ironie oder Analyse mit unterschiedlichsten Intentionen herauszuarbeiten – war nur eine Seite der Möglichkeiten, die verschiedene Genres afro-amerikanischer Musik mit sich brachten; darüber hinaus bot sich Weiteres an: An ihren spezifischen musikalischen Elementen – angefangen von ungewohnter Instrumentation und abweichender Artikulation über neue rhythmische Ordnungen bis hin zu eigenen tonalen Verhältnissen – hafteten Bedeutungen, die es Hörern und Komponisten scheinbar erlaubten, sich ästhetisch, aber auch sozial und psychisch zu definieren: Nationale Zugehörigkeit oder Abgrenzung, Aktualität, Progressivität waren Bereiche, die über Musik bestimmt werden sollten.

Dies gilt für diejenigen, die eine „Mittlere Musik" entwickelten[38], deren ästhetischer und kompositionsgeschichtlicher Ort zwischen absoluter Kunstmusik und schierer Trivialmusik einerseits, zwischen strikter Atonalität und traditioneller, funktionsharmonisch erklärbarer Tonalität andererseits zu suchen ist. Zu denken ist hier aber auch an Strawinsky, soweit er mit einem neuen Klassizismus durch neotonale Mitteln zwischen Traditionsbeständen und Moderne vermitteln wollte. Derartige Tendenzen bildeten die Voraussetzung dafür, dass Jazz im Rahmen der Kunstmusik überhaupt einen Platz finden konnte. Ihre Ursache ist nicht nur Rücksicht auf die Wünsche der Hörer, sondern auch Zweifel am „auratischen Charakter der traditionellen Kunstmusik, der im Zuge einer tiefgreifenden Krise in den Augen mancher – und nicht nur in Kreisen der Jugend – zu einem fragwürdigen Teil einer ‚Welt von gestern' geworden war".[39] Jazz als „Unterhaltungsmusik neuer und als reizvoll empfundener Art" fungierte aber insgesamt als bevorzugtes Mittel des Protestes gegen diese Aura des Gestrigen; geeignet erschien er dazu, weil in seiner Tanzfunktion mit ihrer Analogie zwischen physischer und technischer Bewegung die Symbolschichten zusammenzutreffen schienen, die in der Regel dem „Schwarzen" – als kraftvoll, unzivilisiert und ursprünglich Musizierenden – und der amerikanischen Großstadt – als Inbegriff technischen Fortschritts, der sich musikalisch in Maschinenmusik und rhythmischer Motorik widerspiegelt – zugewiesen wurden.[40]

Der Zusammenhang mit fundamentalen Tendenzen der (Musik-)Geschichte Europas erklärt die von Jürgen Hunkemöller festgestellte Diskontinuität des Interesses europäischer Komponisten für Jazz: „Nach frühen Einzelfällen setzt 1917 zögernd ein Kontinuum ein, das 1922 steil ansteigt und nach 1931 rapide abfällt. Innerhalb dieser 10 Jahre ist von 1927 bis 1930 nochmals ein Gipfel zu verzeichnen. So steht also ein Jahrzehnt deutlich im Zeichen der Jazz-Rezeption. Danach ist für etwa 20 Jahre, nämlich von 1932 bis 1952, eine extreme Baisse zu registrieren. 1953 steigt die Zahl der Kompositionen erneut an, erreicht von 1960 bis 1969, wieder für ein Jahrzehnt, seinen [sic!] zweiten Höhepunkt, um sich ab 1970 auf einer mittleren Ebene einzupendeln. (...) Eine Aufschlüsselung nach Ländern ergibt, dass kaum ein Land Europas für die kompositorische Jazz-Rezeption ausfällt, dass aber der deutsche Sprachraum dominiert, gefolgt von Frankreich und der Tschechoslowakei. Dabei sind allerdings eindeutige Zeitverschiebungen zu erkennen. Beispielsweise hat die Rezeption in Frankreich ihren ersten, engagierten Anwalt. In Schweigen verfallen Deutschland und

---

[38] Danuser 1984, S. 159

[39] Ebenda

[40] Vgl. ebenda

Österreich in den Jahren des Nationalsozialismus. Hingegen ist der deutsche Sprachraum klar führend in den fünfziger Jahren, als sollte Versäumtes nachgeholt werden."[41]

Vor dem Hintergrund dieser Beobachtungen scheint Jazz eine symbolische Form für Freiheit und der kompositorische Umgang mit ihm ein Akt der Befreiung gewesen zu sein. Offensichtlich nämlich wurde Jazz verstärkt berücksichtigt zu Zeiten, in denen auch auf andere Weise nach freiheitlichen Formen der Musikgestaltung gesucht wurde: Der erste Höhepunkt fällt mit der Blütezeit der musikalischen Avantgarde in den 20er Jahren zusammen, der zweite dürfte nicht zufällig in jener Zeit stattgefunden haben, in der serielles Komponieren zugunsten von aleatorischen Bemühungen in den Hintergrund zu treten begann. Dass politische und gesellschaftliche Verhältnisse nicht nur einen Rahmen, sondern die Bedingungen für die Möglichkeit solcher Tendenzen darstellten, macht deutlich, dass letztere im Kern dessen stattfanden, was wir Kultur nennen.

---

[41] Hunkemöller 1988, S. 537

11. Produktion „dazwischen" – eine neue Kultur?

Wenden wir uns zunächst den Arbeiten französischer Komponisten zu. Zu den frühen Einzelfällen von produktivem kompositorischem Interesse am „Jazz", von denen Jürgen Hunkemöller spricht, gehört Claude Debussy. Zeugnisse der Begegnung mit amerikanischer Tanzmusik – zuerst vermutlich vermittelt durch das Gastspiel des Orchesters John Philip Sousas – sind *Golliwogg's cake walk* aus *Children's Corner* (zwischen 1906 und 1908), *Minstrels* aus dem ersten Band der *Préludes* (1909-1910), *General Lavine – eccentric* aus dem 2. Band der *Préludes* (1910-1912), und *Le petit Nègre* aus *Boîte à Joujoux* (1913). Alle Kompositionen beziehen sich auf Ragtime bzw. Cakewalk, und alle realisieren prinzipiell jene freundlich-spöttische Distanz, die Debussy schon 1903 unmittelbar nach der Begegnung artikulierte: Im Gil Blas äußerte er am 20.4.1903: „Si la musique américaine est unique à rythmer d'indicibles cake-walk, j'avoue que pour l'instant cela me paraît sa seule supériorité sur l'autre musique...et M. Souza en est incontestablement le roi".[42] Alle vier Stücke sind Charakterstücke, die mit der Dialektik der Charakterisierung von Menschen durch Musik und der Musik durch die charakterisierten Menschen arbeiten. Hinzu tritt ein Moment von ironischer Uneigentlichkeit. Auf der „Handlungsebene" ist es motiviert durch den Scheincharakter der Wirklichkeitsbereiche: Kinderwelt aus der Erwachsenenperspektive, Minstrel-Show als in sich schon verdrehte Welt, und General Levine war eine skurrile Theatererscheinung. Damit korreliert die musikalische Ebene: Ragtime oder eine von ihm abgeleitete Musik war keineswegs dasjenige, was Debussy – dem es um eine (Re-) Konstituierung französischer Nationalmusik ging – ernsthaft als Ideal vorschwebte. Wohl aber wünschte er sich eine leichte, heitere, charakteristische und vor allem von der Klangwelt nachwagnerischer Spätromantik distanzierte Musik. Aus der Darstellung dieser Distanz – und nicht aus ihrer Nähe zum Ragtime – gewinnen die Kompositionen ihre Authentizität.

Erreicht wird dies durch eine spezielle Anspielungstechnik, durch die einerseits der Bezugsbereich, zugleich aber auch das gebrochene Verhältnis zu diesem deutlich wird. In *Golliwogg's cake walk* wird dies erreicht durch rhythmische, diastematische und formale Mittel. Der Hörer merkt am mehrfachen „Stolpern" in der Einleitung, dass hier nicht alles mit den in der Tanzmusik rechten Dingen zugeht: Das tonartfremde ces mag noch als „blue note" hingenommen werden, aber weder der Abbruch nach T. 3, noch die oktavierte Wiederholung seines Taktmotivs, noch der Akzent auf der Dominantparallele in T. 4 passen in das Schema symmetrischer Melodik, das den echten Cakewalk – wie seinen Nachfolger, den Ragtime –

---

[42] Debussy 1971, S. 153

prägt; vollends die Generalpause und der nicht schematisch, sondern unregelmäßig ablaufende Rhythmus der folgenden Takte machen deutlich, dass hier keine Tanzmusik erklingen wird, sondern ein Werk, in dem der Komponist sich ihrer zu parodistischen Zwecken bedient. Auch die Ebene der Ausführung ist einbezogen: Die Anweisung „très net et très sec" steht im schroffen Gegensatz zu den Artikulations- und Interpretationsgepflogenheiten der authentischen amerikanischen Musiker, deren lockere Anschlagstechnik und leicht schwammige Ungenauigkeit bei den Synkopen erst jenen Charakter musikalischer Unbekümmertheit konstituierten, der dafür verantwortlich war, dass es Spaß machte, nach dieser Musik zu tanzen. Hier dagegen sorgt schon die geforderte Präzision der Ausführung dafür, dass das Werk Kunstcharakter erhält. Dieser wird bestätigt im parodistischen Zugriff auf Wagners *Tristan* im Mittelteil. Debussy zitiert die Anfangstöne des Musikdramas melodisch und rhythmisch, führt sie jedoch nicht in den berühmten Tristanakkord, sondern in ein harmonisches Gebilde, das mit jenem nur die funktionale Vieldeutigkeit gemeinsam hat. Dies geschieht viermal, und jedesmal folgt ein anderer Akkord, als sei es einfach unmöglich, den Tristanakkord wiederzufinden. Indem Debussy Zitat und Andeutung verwendet und mit ihnen auf die Emotionalität der Vorlage verweist, jedoch nur, um sich mit „falschen Tönen" und Ragtimeanklängen sogleich darüber zu moquieren, schlüpft er selbst in die Rolle dessen, den er zuvor parodiert hatte. Durch die Integration in den programmatisch-fiktiven und in den musikalischen Kontext versucht er offensichtlich zu zeigen, dass für ihn die Melodik, die das Pathos bei Wagner trägt, ebenso künstlich und belanglos ist wie diejenige, durch die eine amerikanische Unterhaltungsnummer ihren spezifischen Charakter erhält, und dass ihm Wagners harmonische Kühnheit ebenso willkürlich und unvollkommen erscheint wie das Spiel eines Cakewalk-Spielers.

Damit erhält der Cakewalk bei Debussy eine neue Funktion: Er dient dadurch, dass er in seiner Unvollkommenheit und Kunstlosigkeit mit einem charakteristischen Motiv aus der Musik Wagners zusammengeschaltet wird, als Instrument dafür, diese dem Gelächter preiszugeben. Da auch die Ragtime-Elemente parodistisch verwendet werden, lässt sich die Intention, die Debussy mit *Golliwogg's cake walk* verfolgt, umschreiben als der Versuch, dasjenige, was er musikalisch ablehnte, so in Töne zu fassen, dass es für den Hörer von Geschmack erträglich sein konnte, indem es auf der Ebene der Groteske einen neuen Zusammenhang bildete.

Etwas anders liegen die Dinge in *Minstrels*. Dieses Stück kann als der Versuch interpretiert werden, die Mittel avancierter Musiksprache, die Debussy in den Stücken zuvor ausgebreitet hatte – Ganztonleiter und Pentatonik werden in den *Préludes* neben Diatonik und

Chromatik prononciert als autonome strukturbildende Materialien verwendet – zu einem integralen Zusammenhang zu verbinden, dem seine spezifische Form Zeichen des Humorvoll-Charakteristischen verleiht: Dass aus dem Materialzusammenhang in *Minstrels* wiederum fast zwangsläufig ein letztlich kunterbunt schillerndes Stück entstand, zeigt zugleich mit Debussys Blick für das Progressive im Material sein feines Gespür für dessen charakteristische Wirkungen.

Das Stück beginnt mit einer Anspielung auf den Wechsel zwischen großer und kleiner Terz – ein Derivat der blue note –, der in der Originalmusik häufig zu hören ist. Mit Hilfe der Chromatik, mit der hier versucht wird, die eigentlich durch Intonation entstehende „blue"-Färbung auf einem Klavier darzustellen,, verlässt der Komponist den pentatonischen Komplex des ersten Teils des Anfangsmotivs und konstituiert zugleich einen Ganztonmodus. Die Chromatik, in die die blue note transformiert wurde, erfüllt hier also die Aufgabe, Pentatonik und Ganztonmodus in der Geschlossenheit eines motivischen Zusammenhangs materiell zu verschmelzen. Die Idee, Pentatonik durch Chromatik mit Ganztonmodalität zu verknüpfen, realisiert Debussy auch in anderen Zusammenhängen des Stücks und ist nicht neu[43]; interessant ist aber, dass die Idee hier legitimiert wird durch den Rekurs auf amerikanische Unterhaltungsmusik. So, wie Debussy ihr Tonmaterial neu interpretiert und funktional in den Dienst nicht nur des Charakteristischen, sondern zugleich auch der Lösung eines musikalischen Problems stellt, dienen die Anspielungen auf Motivik und Instrumentation der Minstrel-Musik – neben der Banjo-Parodie und der Ragtime-Passage imitiert er u. a. das Schlagzeug (T. 58 ff: „quasi tambouro") – dazu, als Oberfläche der Musik ein Programm zu konstituieren, in dessen fiktivem Zusammenhang die Material„klitterung" legitim erscheint. Hier (wie später auch in *General Levine – eccentric*) gelingt dies durch einen Stil, der das Epitheton „sophisticated" im vollen Sinne des Wortes verdient; Debussy verwirklicht diese Stileigenschaft, indem er Funktionsharmonik, Ganztonleiter und Pentatonik durch eine Chromatik, die an Bluestonalität erinnert, auf innovative Weise miteinander verschmilzt, jedoch vor dem Hintergrund ironischer musikalischer Anspielungen auf Gestalten anderer musikalischer Bereiche, so dass zugleich eine auf Exzentrizität zielende, programmatische Charakteristik realisiert wird.

Hierin bestehen Parallelen, aber auch erhebliche Differenzen zu den Komponisten in Frankreich, deren Werke die erste „Welle" der Jazzrezeption ausmachen. Zu ihnen gehören Eric Satie, Darius Milhaud, Arthur Honegger und Maurice Ravel. Im Zusammenhang mit

---

[43] Vgl. Schatt 1985, S. 91 ff.

diesen Komponisten wird auch ein Blick auf die jazzbezogenen Werke George Antheils und Igor Strawinskys fallen, ohne sie damit zu „französischen" Komponisten stempeln zu wollen.

Die Stilhöhendifferenz – die für Debussy sicherlich auch eine Differenz enthielt zwischen authentischer und funktionaler Musik, zwischen einer Kunst, die er erstrebte und einem Alltag, auf den er Bezug nahm, um sich von ihm abzugrenzen – war für Eric Satie ein wesentlicher Grund dafür, dass er in *Parade – Ballet realiste* (1917) im 2. Satz, der *Petite fille Americaine* heißt, Ragtime-Elemente verarbeitete. Sie fungieren im Zusammenhang mit der Handlung des Balletts als Mittel des Widerspruchs gegen die metaphysische Würde, mit der die Schopenhauer'sche Ästhetik Musik ausgestattet hatte. Ihr soll das Banale des Alltags als eigentliche Substanz der Wirklichkeit entgegengehalten werden, als das, worauf es in der Kunst wie im Leben – die damit zusammentreten sollen – ankommt. Der „Jazz" erfährt hier durch den artifiziellen kompositorischen Zusammenhang, in dem er wie eine Theaterfigur auftritt, eine Nobilitierung zum Kunstgegenstand, die durch den Kontext des ganzen Werks ihrerseits zum Gegenstand ironischen Augenzwinkerns wird.

Technisch erreicht Satie dies, indem er Elemente aus Ragtime isoliert – Anspielungen auf dessen charakteristische Melodik und Rhythmik (kleinschrittige, repetitive Melodie mit Synkopen und Sechzehntelläufen gegen einen kontinuierlichen Springbass), Patterns also, oder auch Zitate von typischen Schlusswendungen – und sie so montiert, dass weder Ragtime noch eine andere in sich geschlossene Musik entsteht, deren Elemente in einem lückenlosen funktionalen Systemzusammenhang stünden. Geschlossen ist diese Musik nur als Montage. Die Ragtimeelemente erhalten eine ähnliche Funktion wie das Arsenal von Klangrequisiten – die Schreibmaschine, die Tarolle, die Revolverschüsse und die Sirène grave. Diese Klänge fungieren als Indizien dafür, dass die hier gezeigte Welt nicht real, sondern artifiziell ist, aber realistisch sein will: eine Abbildung der Wirklichkeit, die das Ziel verfolgt, auf deren Beschaffenheit hinzuweisen, und zwar dadurch, dass sie selbst sich als Abbildung – und nicht als „wirkliche" Wirklichkeit – zu erkennen gibt. Es geht also nicht um irgend etwas, das mit Ragtime musikalisch zu tun hat; vielmehr ist er eines von vielen Mitteln, die in der Montage deutlich machen sollen, dass eine im Ganzen als ästhetische Wirklichkeit ernstgenommene Alltagswelt gegen eine als unglaubwürdig verstandene Kunstwelt zu setzen sei. Da die Alltagselemente nicht in den Zusammenhang integriert, sondern montiert werden, so dass ihre Reibungsflächen im artifiziellen Kontext deutlich bleiben, bewahren sie dem Werkganzen bei aller Verfremdung ein aufklärerisches Moment.

Weniger um Aufklärung als um Apotheose ging es Darius Milhaud. Er war von der Musik der Jazz-Bands, die er gehört hatte, so begeistert, dass er sie musikalisch porträtierte mit dem Ziel, sie kunstfähig erscheinen zu lassen. Den Beweis trat er u. a. mit dem Ballett *La Création du Monde* (1923) an.

Der Rekurs auf Jazz lag aus mehreren Gründen nahe. Erstens war Blaise Cendrar, der Librettist, durch afrikanische Volksmythen inspiriert worden; zweitens sollte ein Ballett entstehen: Dazu bot die tänzerische Vitalität des Jazz eine elementare musikalische Grundlage; drittens und vor allem aber ging es um die Gewinnung von Ausdruck. Die „Groupe des Six", der Milhaud angehörte, stand ja nicht nur der Metaphysik der Töne, sondern auch ihrer Funktion als Träger von Gefühlsausdruck skeptisch, ja ablehnend gegenüber. Milhaud nun fand – dies ist in seiner Schrift *Noten ohne Musik* dokumentiert – in der Tongebung der dominierenden Instrumente einen besonderen Reiz des Jazz. Das Bedürfnis nach musikalischer Formulierung von Gefühlen war demnach durchaus noch vorhanden.

Die Partitur von *La Création du Monde* spielt in vielfacher Weise auf Jazz an. Da ist die Instrumentation zu nennen (17 Soloinstrumente mit Klavier, Schlagzeug und Saxophon), die Form (riffartige Floskeln gliedern die Einleitung), die Rhythmik. Daneben stehen aber durchaus „abendländische" Elemente: die Tongebung, die Bitonalität, die Satztechnik. Dass gerade in dem Nebeneinander eine Annäherung zu suchen ist, zeigt exemplarisch der erste Satz. In ihm dominieren die Merkmale kontrapunktischer Kompositionstechnik. Ein Thema, das nicht nur mit der blue note der dritten Stufe und einer spezifischen Rhythmik sofort als Blues-Thema zu erkennen ist (das Kopfmotiv dieses Themas tritt bei Maurice Ravel im dritten Satz der *Sonate pour Violon et Piano* [1923-1927] und im *Concerto pour la main gauche* [1931] auf)[44], wird der Technik eines Fugatos unterzogen. Geht man davon aus, dass ein Fugenthema im traditionellen Kontrapunkt kunstvoll ersonnen sein muss, um dessen Implikationen genügen zu können, so ist die Verwendung einer geläufigen, klischeehaften Formel ein Signal dafür, dass der Bereich der Konventionen hier verlassen werden soll. Die strenge Prozedur, der das Thema unterzogen wird, steht denn auch quer zu dem tänzerisch beschwingten Lebensgefühl, das es ausdrückt. Allerdings gibt es einige Konzessionen, die der Technik von ihrer Strenge nehmen, den Kunstcharakter damit allerdings zugleich als Ergebnis eines modifizierbaren Handwerks erscheinen lassen: Zu ihnen gehört wesentlich die Freiheit, dass Milhaud – offenbar unter dem Einfluss der Formelhaftigkeit des Themas –, den comes in der Posaune auf der zweiten Stufe der Tonart, in der das Thema – in höchst ungewöhnlicher Weise vom Kontrabass – vorgestellt wurde, einsetzen lässt, und erst beim dritten Einsatz im Saxophon erklingt die Dominanttonart, die hier nunmehr fehl am Platze ist.

---

[44] Violinsonate 3. Satz ab 4 T. vor Ziffer 7; Klavierkonzert 1. Satz, Ziffer 13

Die Tonartenverhältnisse indizieren indessen, was sich nach dem vierten Themendurchgang als konstitutiv erweist: Wenn hier zugleich mit einer Variante des „Riffs" aus der Einleitung (Hörner, Klavier) und einem „Walking Bass" ein aus D-Dur und d-Moll gemischter bitonaler Komplex auftritt, offenbart sich einerseits das grundlegende Tonalitätskonzept, andererseits wird ein übergreifender Bezugsrahmen suggeriert: Es wird klar, dass es die ambivalente Blue Note f/fis des Themas ist, die den Zusammenhang zur Bitonalität ebenso herstellt wie den zwischen den Repertoires von Kunstmusik und Jazz.

Durch die Tonart des Basses wird allerdings die Verfremdung beider Bereiche noch weiter getrieben: Mit C-Dur erstellt er eine dritte Tonart. Diese Polytonalität hat nicht nur einen integrativen Aspekt, sondern sie sorgt auch dafür, dass weder ein künstlicher Jazz noch eine verjazzte Kunstmusik entsteht.

Exemplarisch wird hier die Kompositionsidee deutlich: Sie besteht insgesamt darin, an der Oberfläche in einem originellen Spiel mit den Mitteln des Jazz und der Kunstmusik Berührungspunkte zwischen den jeweiligen formal-konstruktiven Techniken der beiden Musikbereiche herbeizuführen, die durch gleichsam subkutane Materialanalogien legitimiert erscheinen können. Das Moment des Indifferenten in der Deutung der tonalen Funktion des Materials macht es möglich (was später im Umgang mit den Themen des ganzen Werks deutlich wird, der im wesentlichen aus Verfahren der Variation und Kompilation der gewonnenen Gestalten besteht), Kontrapunkt und Montage einander anzunähern: Wo im Zeichen von Bluestonalität Bi- oder Polytonales als Einheit und nicht als Zusammenfall von Verschiedenem interpretiert wird, erhalten „an sich" montiert erscheinende Themen den Sinn eines kontrapunktischen Zusammenhangs. Dies kann als Ergebnis des Satzes gelten, versteht man ihn als Experiment zu der Frage, wie eine vom Material her sinnvolle kontrapunktische Komposition mit den melodisch-harmonischen Elementen des Blues möglich sei.[45] Fremdes und Eigenes verbinden sich auf einer abstrakten Ebene: der Ebene der allerdings spekulativen Idee einer substantiellen Verwandtschaft im Inneren, von der suggeriert wird – und darauf verweist der Titel des Werks – dass ihr Grund jenseits von objektiv greifbaren Sachverhalten zu suchen sei.

In ganz anderer Weise lebt eine Reihe von Werken Maurice Ravels vom Stilhöhenunterschied, denn er montiert nicht, sondern er integriert – vergleichbar mit Debussy, aber mit anderen Inhalten und Intentionen. Spannender noch als die Teekanne in

---

[45] Mit Recht stellte Heinrich W. Schwab fest, Milhaud habe mit dem Fugato eine usuelle Musizierpraxis fixieren und nicht mittels des Bluesthemas „eine eingebürgerte Kunstform neu illustrieren" wollen. (Schwab 1979, S. 156) Allerdings hat diese „Fixierung" vor dem Horizont der Gattungsgeschichte den Charakter eines Experiments.

L'Enfant et les Sortilèges (1920-1925), die Ravel Ragtime singen und tanzen ließ, sind die Phänomene der *Sonate pour Violon et Piano* (1923-1927) und der beiden *Klavierkonzerte in G* und *D* (1931). Diese Werke markieren gleichsam Höhepunkt und Ende der ersten Jazzrezeptionswelle. Ravel benutzt in diesen Werken die Ambivalenz der Bezugsmusik, die auf drei Ebenen wirksam wird:

- als Ambivalenz auf der Materialebene: die Indifferenz der blue notes
- als Ambivalenz des Ausdruck zwischen Engagement und „Coolness"
- als Ambivalenz sozialer bzw. kultureller Milieus zwischen „gehobener" Kunstmusik, deren hochkultureller Kontext sich in Salons und Konzertsälen verwirklicht, und „niederer" (Gebrauchs-)Musik, deren Zugehörigkeit zum Unterhaltungs- bzw. Spannungsmilieu sich in der Präsentation primär in Vergnügungsstätten zeigt.

Die Ambivalenzen entfalten sich, wenn Elemente der einen Sphäre im System der anderen einen Platz erhalten. Sie dienten Ravel dazu, Formprobleme zu lösen, die sich aus der Idee des Neoklassizismus und dem Stand des Materials, der Konzentration auf Bitonalität, ergaben.

Dies sei hier exemplarisch an der Violinsonate gezeigt. In ihr ist Blues die Bezugsmusik – der zweite Satz heißt *Blues*. Auch wenn Ravel wahrscheinlich keinen archaischen Blues gehört hat, sondern kommerziellen Cabaret-Blues, so dürfte er doch auch durch diesen mit den Elementen, die für „blues-feeling" verantwortlich sind, hinreichend vertraut geworden sein. Sie fehlen in Ravels Sonate – bedingt allein schon durch deren Schriftlichkeit: „swing", emotional-expressiv bedingte Temposchwankungen und Artikulationsbesonderheiten sowie improvisierte „Nebentöne" werden aber durch Surrogate wie das Glissando ersetzt, gleichsam porträtiert. Porträtiert wird auch der Typus des den Blues bestimmenden Begleitsatzes mit metrischen Akkordwiederholungen – wenn auch mit Rollentausch: Sie werden vom Melodieinstrument mit quasi perkussivem Pizzicato gespielt. Anklänge an off-beat hören wir im zweiten, fünften und sechsten Takt: Statt der regelhaften Schematik des Blues herrscht hier scheinbar Willkür. So ist auch der harmonische Prozess organisiert: Zwar erklingen Subdominante und Dominante im Wechsel mit der Tonika; von ihr bleibt aber unklar, ob sie G-Dur oder g-Moll ist, die Wechsel erfolgen an unvorhersehbarer Stelle für unkonventionelle Dauer, und wenn das Klavier in T. 7 und 8 As-Dur – hervorgehoben durch ein Ragtime-Motiv – dagegensetzt, wird vollends klar, worum es geht: Hier werden Erinnerungen an Blues geweckt mit der Absicht, seine Substanz – die wesentlich durch die blue notes mit ihrer Indifferenz zwischen Dur und Moll geprägt wird –

zur Gewinnung einer für Kunstmusik neuen Ausdrucksschicht zu nutzen. Deren Grundlage bildet primär Bitonalität. In sie ist das Thema des Satzes so eingebettet, dass dessen Blues-Charakteristika ein spannungsvolles Korrelat ergeben. Die Charakteristika artikulieren sich nicht nur im Melodieverlauf und in der Rhythmik, sondern vor allem in einer Behandlung der siebten und dritten Stufe von G, die diese als Blue Notes stilisiert: Zur chromatischen Umspielung tritt jeweils ein Glissando, das zugleich an die Charakteristik „schwarzer" Intonation erinnert. Auch die phrasenartige Anlage des Themas deutet auf Blues, und dessen harmonische Schematik schimmert in der Begleitung durch. Sie ist jedoch durch Bitonalität und ungewohnte Proportionen europäisch-modern gewendet (in der rechten Hand kadenziert G-Dur nach 7 Takten über C-Dur und D-Dur, in der linken Hand ruht 3x3 Takte lang die Quint As-Es, sich dann über die Dominante zur Doppeldominante kadenzierend als Tonika durchsetzend). Ein besonderer Clou ergibt sich, wenn im 13. Takt des 16taktigen Themas die bislang getrennten Stränge von As und G zusammenfallen: Der Grundton des Akkords, der darüber entscheidet, dass nach As kadenziert wird, ist ein B in der Melodie, das an genau dieser Stelle nicht mehr als blue note und nicht als Terz von g-Moll, sondern als Grundton der Doppeldominante für eine – wenn auch nur zeitweilige – Eindeutigkeit sowohl im „Blues"-Rahmen als auch im bitonalen Satz sorgt.

Der Blues wird also zunächst bitonal entfaltet, zieht dann aber die Kadenzabläufe in seinen Bann. Ravel rekurriert damit auf ein substanzielles Moment der Originalmusik: ihre tonale Ambiguität. Sie soll im Sonatenkontext die monotonale Behandlung einer bitonalen Harmonik gleichsam legitimieren. Denn nur zum Schein integriert Blues die Spannungen dieses Satzes – tatsächlich dient er dazu, sie zu exponieren: Um eine Exposition nämlich im Sinne der Sonatenhauptsatzform handelt es sich hier: Auf den bluesorientierten, liedhaft-dreiteiligen ersten Abschnitt folgt im traditionellen Kontrast ein zweites Thema. Es deutet diastematisch und rhythmisch auf Ragtime, wirkt nicht „nostalgico"[46] wie das erste Thema, sondern beschwingt, wird vom Klavier vorgetragen und von der Violine perkussiv begleitet. Vor allem aber steht es eindeutig in D-Dur (mit bluesartig tiefalterierter Septime) – der Dominante also zu einer der beiden Tonarten des ersten Themas.

Von hier kann das Problem deutlich werden, zu dessen Lösung die Anspielung auf Blues einen Beitrag leisten sollte: Nicht um die Nobilitierung eines Genres aus populärer Musik ging es, sondern darum, die Aporie zwischen Bitonalität und Sonatensatz ästhetisch

---

[46] Interpretationsanweisung im Notentext beim Eintritt des ersten Themas

überzeugend wenn nicht aufzuheben, so doch zu thematisieren.[47] Das Schillernde sowohl im Bereich der Tonhöhenorganisation des Blues als auch der Kultur, in der er beheimatet war oder schien, dient – ebenfalls zum Schein – als Legitimation dafür, ein klassisches Formprinzip gegen den Widerstand eines avancierten Materials zu verwirklichen.[48] Dies gelingt allerdings nur im Kontext eines ironischen Maskenspiels sowohl auf der Ebene des Ausdrucks als auch im Bereich des Materials: Das Fremde wird so umgedeutet, dass es sich dem Eigenen eingliedern lässt, aber nicht problemlos: Das Seitenthema in D-Dur muss gewissermaßen als Preis an den Blues die genannte „Tiefalteration" bezahlen.

Bereits an diesen Beispielen dürfte zu erkennen sein, dass der Rekurs auf Jazz immer im Zusammenhang mit Veränderung, Erweiterung oder Erneuerung von kompositorischen Regeln stand. Ihr Gegenstand konnten Formtypen, Satztechniken, Darstellungsnormen sein und die Vorstellungen von den Gesetzen des Zusammenhangs der Töne, denen diese letztlich aufruhten: die Vorstellungen von Tonalität.

Auf die Kompositionen der vier französischen Komponisten wurde so ausführlich eingegangen, um exemplarisch die wesentlichen Prinzipien des artifiziellen Umgangs mit Jazz deutlich werden zu lassen. Das Um- oder Zurechthören von Jazzmaterial – sei es im Bereich der Tonhöhe, der Rhythmik oder der Artikulation –, das Umstrukturieren bei Zitaten, Surrogatbildungen oder Allusionen, die ikonisch oder indexikal auf Jazz verweisen sollen, das Umfunktionieren bei den zentralen Formungsideen der Montage bzw. der Synthese, die im Spannungsfeld von Eingliederung und Annäherung zu interpretieren sind, stellen grundlegende Kategorien dar, unter denen die Rezeptions- und Produktionsvorgänge bzw. -ergebnisse analysiert werden sollten, gleichviel ob man sich um die genannten Komponisten oder um ihre Zeitgenossen wie Honegger, Antheil, Hindemith oder Strawinsky bemüht. Dabei wird man immer wieder auf jene Ambiguität stoßen, die letztlich den ästhetischen Reiz dieser Kompositionen ausmacht. Sie ist besonders deutlich bei Strawinsky auszumachen, der sich wie kaum ein anderer mit der Musik aus der „Neuen Welt" befasst hat. Einerseits war es seine erklärte Absicht, „eine Art ‚Porträt-Typ' dieser neuen Tanzmusik zu entwerfen und ihm das Gewicht eines Konzertstücks zu geben, wie es frühere Musiker zu ihrer Zeit mit dem Menuett, dem Walzer, der Mazurka gemacht haben"[49]. Dazu dienen ihm die oben genannten

---

[47] Ravels Interesse an dieser Form wird in der Literatur oft unterschätzt. So verkannte Theo Hirsbrunner noch 1989 die Bedeutung der Sonatenhauptsatzform für die Violinsonate wie für das *Klavierkonzert in G*: Auch dort wird ein Blues-Motiv in charakteristischer Weise eingesetzt – es dient als „Modulationsthema" in einem bitonalen Kontext einem raffinierten Spiel mit den Konventionen der Form. (Vgl. Hirsbrunner 1989, S. 219 und 222)

[48] Ulrich Kurths Deutung als Montage wäre demnach zu differenzieren. Vgl. Kurth 1982, S. 336

[49] Strawinsky 1983, S. 90

Verfahren, bei denen die Elemente der Vorlagen interpretierend modifiziert wurden. Andererseits ist aber nicht zu verkennen, dass die Titel der Kompositionen – vom *Ragtime* aus der *Geschichte vom Soldaten* (1918) über den *Ragtime für 11 Instrumente* und die *Piano Rag Music* bis zum *Ebony Concerto* (1945) – Fiktionen sind. Als solche sind sie durch die Kompositionstechnik zu erkennen, die sich selbst als Technik immer wieder zu erkennen gibt. Von daher gesehen aber fällt den Elementen afro-amerikanischer Musik die Funktion zu, ungewöhnliche Instrumentalbesetzungen, eine ungewöhnliche Kompositionsweise (das Verfahren, Bruchstücke kaleidoskopartig zu mischen und zu kombinieren) und die ungewöhnlichen Tonkonstellationen – primär einer dissonanten Bitonalität – ästhetisch zu legitimieren und einer breiteren Hörerschaft zugänglich bzw. schmackhaft zu machen.

Dass die Authentizität der Werke dabei keinen Schaden nahm, hängt damit zusammen, dass zum einen das Material, auf das man zugriff, im Sinne des Systems, in das es integriert wurde, umgedeutet wurde, und dass zum anderen die Spannungen, die dadurch auf unterschiedlichen Ebenen entstehen konnten, als zum System gehörig erscheinen konnten (dies gilt für den Bereich der Tonalität ebenso wie für die Formkonzepte).

Problematischer wird die Frage der Authentizität bei Komponisten der zweiten großen Welle (1953 bis 1970). Einerseits nämlich gebot der „Stand des Materials" – der anderes als zwölftöniges Komponieren quasi ausschloss – zumindest in den 50er und frühen 60er Jahren eine hohe Geschlossenheit des kompositorischen Systems. Andererseits wünschte man sich, gerade die genuinen Jazz-Elemente aufzunehmen, die diesem seinen Authentizität verleihen: zum einen all dasjenige in der Instrumentalbehandlung, was den Sprachcharakter des Jazz ausmacht und was nur der Jazz-Musiker – und primär im Augenblick der Improvisation – hervorzubringen vermag; zum anderen die besondere Zeitgestaltung des Jazz, die sich im Phänomen des „swing" äußert.

Rolf Liebermann hat mit seinem *Concerto for Jazz Band and Symphony Orchestra* von 1954 eine Lösung angeboten, in der sich eine Variante des kompositorischen Umgangs mit Jazz dokumentiert, die von musiksoziologischen und kompositionstechnischen Einsichten bestimmt ist. Zum einen wollte er die Entfremdung zwischen der Kunstmusik und der tanzbezogenen Gebrauchsmusik dadurch überwinden, dass er „einen Teil der heute effektiv gebräuchlichen Tänze in die Kunstmusik"[50] einbezog. Zum anderen betont er ausdrücklich, dass ihm „etwas ganz Anderes" vorschwebte als den Komponisten der dreißiger Jahre, die „zwar Assoziationen an Jazzmusik erzeugt, nicht aber effektive Tanzformen verwendet" hätten, und distanziert sich von Igor Strawinskys *Ebony Concerto*, das „eine Komposition für

---

[50] Liebermann, Rolf: Vorwort zu Partitur, Universal Edition London, o. J.

Jazz-Ensemble, nicht aber tanzbare Jazzmusik"[51] sei. Daher schrieb er für Orchester und eine echte Jazzband, und als Form erschien ihm – aufgrund dieser Besetzung – ein Concerto grosso zwingend notwendig.

Das Werk ist eine Zwölftonkomposition. Um aber aus dem Material der Reihe Musik mit dem Charakter jazzbezogener Tänze zu gewinnen, waren Konzessionen an das System notwendig. Sie zeigen sich z. B. in der Vertauschung von Reihenfolgen oder in dem Verfahren, gleichsam der „Ordnung" halber einem nach den Prämissen einer Jazzcharakteristik (und nicht der Ordnung der Reihe) gewonnenen Thema einfach alle zwölf Töne als Liegeakkord oder aber der Rest der Reihentöne als harmonische Folge zu unterlegen. Die Reihe wird damit als einheitlicher Vorrat auch austauschbarer Töne interpretiert, und die Formgenese verdankt sich Verfahren, die mit dem ursprünglichen Sinn ihrer Systematik nichts zu tun haben, aber auch das elementare Prinzip des Jazz fast ganz aussparen: Improvisieren darf nur der Schlagzeuger, und das auch nur einmal. Insofern wird durch das Werk ein eigener, postmoderner Ort zwischen strenger Kunst und freiem, eher gebrauchsorientiertem Umgang mit dem Material zugewiesen, in dem die Frage nach der inneren Notwendigkeit der Reihentechnik unbeantwortet bleibt. Sie hat hier offenbar die Funktion, Jazz um einer tanzorientierten Musik willen artifiziell umzugestalten, während dessen Elemente im Gegenzug dazu herhalten sollen, Zwölftonmusik zu popularisieren.

Gegenüber dieser Musik, die primär als ein formales Spiel (mit nicht ganz genauen oder nach Gutdünken modifizierbaren Regeln) zu verstehen ist, stellen jene Werke eine ganz andere Position dar, in denen es darum geht, den Sprachcharakter der Musik zu nutzen, um Aussagen zu formulieren, die über den ästhetischen Horizont von Musik hinausweisen. Hier bekommt der Jazz oft eine bedeutungsbestimmende Funktion. Als paradigmatisch kann das Œuvre Bernd Alois Zimmermanns gelten. An seinem Weg erkennt man sehr deutlich das Spannungsfeld zwischen dem Angebot von Seiten des Jazz und den Anforderungen von Seiten der Kunst, und zwar dies im Zusammenhang mit Veränderungen, die sich auf beiden Seiten vollzogen, ohne dass man eine Abhängigkeit nachweisen könnte.

Man hat bei Zimmermann zu unterscheiden zwischen Werken, in denen Jazz einen historisch-technischen Bedeutungsträger darstellt, dessen Einfluss über den Sinnzuwachs eines Zitates hinausgeht und solchen, in denen Jazz-Elemente als Ganzes hineinzitiert werden. Sie stellen unterschiedliche Lösungen der Probleme dar, um die Zimmermanns kompositorisches Denken kreiste, nämlich das Problem der Beziehung zwischen musikalischer Struktur und Ausdruck sowie dem des Zeitgefühls.

---

[51] Ebenda

Zur ersten Kategorie gehören das *Konzert für Trompete und Orchester „Nobody knows de trouble I see"* (1954) und *Die Befristeten* (1967). Im Trompetenkonzert verbindet Zimmermann „die Form des Choralvorspiels mit dem pentatonischen Negrospiritual als Cantus firmus, die freie Variationsform der noch thematisch gebundenen Dodekaphonie sowie in abgewandeltem Sinne den konzertierenden Jazz"[52]. Das Spiritual *Nobody knows de trouble I see* korreliert kompositionstechnisch mit jeder der drei Ebenen in besonderer Weise: als „Cantus firmus" mit der Technik des Choralvorspiels, als „Thema" mit der Dodekaphonie und als „Evergreen" mit dem Jazz. Darüber hinaus bezeichnete Zimmermann es als „gleichsam den geometrischen Ort des gesamten Werkes"[53]. Gemeint ist damit ein spriritueller Gehalt, der im musikalischen und musikbezogenen[54] Denken des Komponisten als kommunikatives Netz von Ideen und Vorstellungen vorhanden ist und der kraft Intuition beim Kompositionsvorgang musikalisch Gestalt annimmt. Im Trompetenkonzert tritt das Spiritual nicht als Apotheose auf, sondern es scheint sich vielfältigen Konfigurationen, unter denen „Jazz" einen Höhepunkt darstellt, gleichsam unter Qualen zu entringen. Es erscheint nicht als Gegenstand von Variationen, sondern wird gleichsam neu geschaffen als Zeichen für Zimmermanns Intention: „Das Werk wurde unter dem Eindruck des (leider auch heute immer noch bestehenden) Rassenwahns geschrieben und will in der Verschmelzung von drei stilistisch scheinbar so heterogenen Gestaltungsprinzipien gleichsam einen Weg der brüderlichen Vereinigung zeigen."[55]

Der Zusammenhang zwischen der intuitionsbestimmten subjektiven Perspektive des Komponisten und dem Problem, mit unterschiedlichen Möglichkeiten musikalischer Zeitgestaltung sinnvoll umzugehen, zeigt sich sehr schön in den *Dialogen* (1960, überarbeitet 1965). „Jazz" tritt hier als Repräsentation einer spezifischen Zeitauffassung nur zweimal (im sechsten Abschnitt) auf: Einmal als eintaktiger „Blues-Rhythmus" als ein erstes Zeichen für das Zusammentreffen der verschiedenartigsten Zeit- und Erlebnisschichten bereits beim Komponieren; ein zweites Mals in der großen Zitatcollage, die im sechsten Abschnitt erscheint: eine Collage aus Fragmenten von *Veni creator spiritus*, Debussys *Jeux*, Mozarts *Klavierkonzert* C-Dur, KV. 467 und einer kurzen auftauchenden Jazzfloskel: Diese ist fast tongetreu dasjenige, was sich im Trompetenkonzert als „Jazz" im Zuge des dort konstitutiven Formprozesses ergab.

---

[52] Zimmermann 1974, S. 90 f.
[53] Ebenda, S. 90
[54] Vgl. zu dieser Unterscheidung Schatt 2007 a
[55] Zimmermann 1974, S. 91

Zimmermann sah sehr wohl, dass die besondere Zeitvorstellung des Jazz nur dann authentisch eingefangen werden könne, wenn die Menschen, bei denen sie repräsentiert ist, nämlich die Jazzer, selbst bei der Darstellung mitwirken. Dies hat er in den *Befristeten* versucht. Den Rahmen dafür bildete einerseits die Entwicklung Neuer Musik zu Möglichkeiten von Aleatorik und graphischer Notation, andererseits der Wandel im Jazz zu Cool- und Free-Jazz sowie ferner der enge Kontakt zu dem Jazztrompeter Manfred Schoof. Es geht hier weder um pluralistische Zeitstrukturierung durch Zitate noch – wie bei der Bläserbesetzung des Trompetenkonzerts – um einen jazztypischen Ausdruck, vermittelt durch spezifische Spielweisen, sondern um das besondere Zeitgefühl von Jazzmusikern. Zimmermann glaubte, dass dieses keine Trennung zwischen effektiver und innerer Zeit kenne. So überließ er hier die konkrete Zeitgestaltung weitgehend den ausführenden Jazzern auf der Basis einer reihenmäßig geordneten diastematischen Organisation. Dieser Versuch, eine eigentlich fremde Substanz – das spezifische „Zeitgefühl" des Ausführenden – gewinnen zu können, erwies sich als problematisch. Zwar entsteht dabei etwas Neues, indem Jazzer „um mehr oder weniger kompositorisch festgelegte musikalische Fakten wie vor allem: formale Strukturen, Zeitproportionen, Tonhöhen, Klangfarben (Register, Lagen; Ansatz) und Spielvorschriften in Bewegung ... (um diese Fakten herum)" gebracht werden „dergestalt, dass sich kompositorisch Festes und in beschriebenem Rahmen improvisatorisch Freies gegenseitig durchdringen, ergänzen, abwechseln"[56]. Die Einsicht aber, dass der Verlust eines Stücks Identität als Komponist ein zu hoher Preis für das so gewonnene Neue sei, dürfte Zimmermann veranlasst haben, die Struktur der *Befristeten* als einmaligen Versuch stehen zu lassen.

Von daher erscheint es als konsequent, dass er in seinem letzten Werk, das überhaupt Jazzelemente einbezieht, den „Orchesterskizzen" *Stille und Umkehr*, nicht Möglichkeiten suchte, zwischen Jazz und Kunstmusik zu vermitteln, sondern eher die Differenzen zwischen dem Rhythmus eines Blues-Spielers und der orchestralen Schicht, deren Tempo der Dirigent unverrückbar einhalten soll, zum Gegenstand der Komposition machte. So mündet Zimmermanns Suche nach einem gemeinsamen Nenner heterogener Zeitgestalten in Resignation: Der Titel *Stille und Umkehr* kann als programmatische Konsequenz aus der Erfahrung gelten, dass eine Verbindung der Bereiche, die jedem Bereich die genuine Substanz lässt, zwangsläufig an die Grenzen des individuell verantworteten Kunstwerks führt.

Diese Position unterscheidet sich fundamental von der – allerdings mehr durch metaphysische und weniger durch ästhetische Reflexion begründeten – Charles Ives': In

---

[56] Zimmermann 1974, S. 64 f.

seinen Werken werden Elemente des Ragtime – durchaus auch mit Blick auf die besondere, einmalige und substantiell abweichende Zeiterfahrung, die sie vermitteln – als Gegenstände real gelebter Erfahrung so ins Werk gezogen, dass sie sich auch strukturell als Teil einer übergeordneten, philosophisch fundierten Verstehensmöglichkeit ausweisen lassen können.

12. Zusammenfassung

Wie bei allen Prozessen, bei denen Neues, Ungewohntes, Fremdartiges, Fernstehendes mit Bestehendem zu verbinden ist, lassen sich im technischen Bereich prinzipiell zwei Tendenzen feststellen: die Neigung zur Synthese und die zur Montage.[57] Festzuhalten ist, dass bei kaum einer „Synthese" die ursprünglichen Elemente so im Neuen aufgehen, dass sie nicht mehr zu erkennen wären, und dass umgekehrt keine „Montage" existiert, bei der nicht auch durch Veränderungen in irgendeiner Schicht des Materials eine übergeordnete Basis für das Zusammentreffen geschaffen worden wäre.

Insofern stellen sich die Kompositionen in beiden Bereichen, vor allem bei Bemühungen um „Synthese" – als Ergebnisse von Vorgängen dar, deren Tendenzen als Eingliederung des „Fremden" in das Bestehende oder aber als dessen Annäherung an das „Fremde" beschrieben werden können.

Das Interesse beim Blick auf afro-amerikanisches Material richtete sich im technischen Bereich mit unterschiedlichen Akzenten auf Zeitgestaltung, Tonalität, Tonsatz, Instrumentation und Artikulation. Innovatives Potential konnte daraus besonders im Rahmen von Gattungen und Formen entfaltet werden, deren Normen aufgrund einer veränderten Materialsituation zum Problem geworden waren: In der Sonatenhauptsatzform, aber auch im Klavierkonzert und in der Suite fungiert das – umgedeutete, angepasste und damit eingegliederte – afro-amerikanische Material als Katalysator zur Lösung von Spannungen zwischen überkommener Form und neuem musikalischem Inhalt. Dabei setzte es zugleich Möglichkeiten für ein mehrdeutiges, ironisches, oft delikates Spiel mit der Stilhöhendifferenz frei. Dieses fehlt dort, wo sich unter dem Einfluss der Modelle eigene Gattungen oder Formtypen entwickeln konnten. Hier wäre an Antheils Versuche, eine „mechanistische" Musik zu begründen, zu denken[58], oder an die Ragtimes Charles Ives', an die Klavier-Blues Aaron Coplands, aber auch an die „Third-Stream"-Arbeiten Gunther Schullers und die Collagen Zimmermanns, wenn diese auch in eine Zeit fallen, in der sich Gattungsgrenzen ohnehin auflösten.

Wichtig für die Schwerpunkte bei der Zuwendung zum Material in Rezeption und Produktion waren nicht nur die Möglichkeiten für das musikalisch Neue, sondern auch die

---

[57] Dies entspricht zwar in technischer, nicht aber in bedeutungsbezogener Hinsicht Clarence J. Stuessys Vorstellung eines „integrated" bzw. eines „adjacent style" (vgl. Stuessy 1978).

[58] Inwieweit sich dieser Versuch mit den Arbeiten Conlon Nancarrows berührt – für die gleichfalls Ragtime eine erhebliche Bedeutung hat – wäre an anderer Stelle zu untersuchen.

semantischen Aspekte, unter denen es den einzelnen Komponisten erscheinen konnte. Sie bilden die Voraussetzung für die Funktionen, die das Material im Werk zu erfüllen hatte. Afro-amerikanische Musik konnte offenbar unter den Aspekten

1. des Vitalen,

2. des Elementaren,

3. des Manierierten und

4. des Künstlichen

rezipiert werden als Trägerin der intentional besetzbaren Felder

1. des ethnisch Fremden,

2. des authentisch Nationalen,

3. des kulturell Erwünschten.

Dabei prägten sich sowohl im Bereich der differenzierenden Aspekte, unter denen afro-amerikanische Musik gehört wurde, als auch in den intentionalen Feldern, in denen diese wirksam wurden, Rezeptionstopoi aus, deren Widersprüchlichkeit bereits auf die Abhängigkeit von der jeweiligen Position der einzelnen Komponisten verweist. So tritt etwa bei Debussy das Vitale im Ragtime dadurch, dass er es als Ausdruck einer ihm fremden Expressivität charakterisierend einsetzt, so hervor, dass es zugleich als maniert gelten muß, während Honegger dagegen dem Vitalen als Substrat einer am Spielerischen orientierten Kunstfertigkeit Geltung verschafft. Bei ihm erhält der Ragtime-Bezug insofern auch – vermittelt durch die besonderen technischen Repertoires – die Qualität einer Hommage, während er bei Debussy – noch aus der Exotismus-Tradition ebenso wie aus der des Charakterstücks kommend – als Parodie erscheint. (Da dies wiederum als direkter Rekurs auf das ironische Moment in der Minstrelsy gelten kann, ist Debussys Rezeption als besonders angemessen – und zukunftsweisend – zu beurteilen.)

Ravels Einsatz der Blues-Elemente wirkt dagegen – obwohl auch bei ihm das Übernommene als Teil einer fremden Welt hervortreten kann – insofern als Travestie, da sie mit Bezug gerade auf das Manierierte an ihnen in formbildender Funktion verwendet werden. Von einer „Nobilitierung" afro-amerikanischer Musik kann hier nur insofern die Rede sein, als ihr Zugang zu den Gattungen der Sonate und des Konzerts im Rahmen kunstmusikalischer Produktion gewährt wurde; relativiert wird jene in dem Maße, wie der jeweilige Zusammenhang Merkmale des Grotesken oder des Manierierten als Eigenschaften des übernommenen Materials hervortreten lässt.

In diesem Licht sind auch die „Porträt"-Kompositionen Strawinskys zu betrachten. Dadurch, dass er das zu Porträtierende beim Versuch, es in artifizielle Form einzubinden, in seiner Charakteristik zeigt, zugleich aber in dessen ursprüngliche Konsistenz destruktiv eingreift, wird deutlich, dass er in ihm gleichsam eine andere – aber nicht als authentische Ausdrucksform akzeptierte – Seite seines eigenen Lebensgefühls sah: Die Apotheosen der Rhythmik dieser Musik machen gerade die Unterscheidung zwischen ihrer und der Welt der Kunst deutlich; was im Motorischen als vitaler Aspekt des „Jazz" erscheint, kann von daher stets nur als ästhetische Fiktion mit nach außen gewandter Funktion gelten.

Nicht um Porträts aus einer bestimmten, gegebenen Perspektive, sondern um den Gewinn neuer Perspektiven für das Musik-Erleben ging es Bernd Alois Zimmermann, und ähnlich wie dieser – nämlich mit Einbeziehung „echter" Jazzmusiker –, aber weniger skrupulös verfuhren Rolf Liebermann und Gunther Schuller. Der Verlust an Substanz – improvisatorischer Freiheit einerseits, Stringenz des Materials andererseits – ist in dieser Musik gegen den Gewinn von Abwechslungsreichtum aufzurechnen.

Die Vielzahl der Bedeutungsebenen einerseits, die Kontingenz einzelner Werke andererseits lassen erkennen, dass weder Begriffe, durch die der technische oder genrebezogene Vorgang der Verbindung rein äußerlich beschrieben wird – „Fusion" oder „Crossover" – den Werken gerecht werden noch die topographisch-metaphorischen Bestimmungen eines „Third Stream" (Schuller) oder einer „Confluence" (Stuessy): Zum einen bleiben auch diese Bezeichnungen äußerlich, zum anderen bildeten und bilden die Kompositionen nicht die Einheit eines „Stroms" oder eines anderen Gewässers. Sie stellen – will man eine Ortsmetapher verwenden – vielmehr relativ vereinzelte „Inseln" dar: Mit Deleuze/Guattari könnte man sie mit Recht als „Plateaus" über einem „Rhizom" von vielfach gegliederten Strängen von Globalisierung, Inter- und Transkulturalität und Postmoderne bezeichnen[59]. In ihnen wurden schon früh im 20. Jahrhundert die Tendenzen der Letzteren verwirklicht, zugunsten der Vielfalt des Möglichen die Grenzen kultureller, sozialer und ästhetischer Identität zu öffnen, so dass Übergänge möglich und sinnvoll werden konnten, deren Gewinn im Reiz des immer wieder neuen und eigenen Regeln folgenden Spiels mit Bedeutungen und Geltungsansprüchen besteht.

---

[59] Vgl. Deleuze/Guattari 1992

13. Ein komponierter Ausblick

Zum Abschluss sei auf eine Komposition verwiesen, die gleichsam als klingende Zusammenfassung gelten kann: *Aus Schmerz und Trauer* (1985) von Nicolaus A. Huber. Huber nutzt den Gegensatz zwischen Ausdruck sowie Zeitgestaltung des Jazz als Möglichkeit innerer Freiheit einerseits und jener zwanghaften Verbindlichkeit, die ein Marschrhythmus zu dokumentieren bzw. den Menschen aufzudrücken vermag andererseits. Auskomponiert wurden in wechselseitiger Durchdringung die musikalischen Schichten, in denen diese Ausdrucksmöglichkeiten aufscheinen: die Artikulation und die Klanggestalt. Auskomponiert wurde aber auch die Zeitstruktur, indem beides – die Jazzgestalten und die Marschcharaktere – einem prozessualen Netz von Dauern- und Tonhöhenorganisation unterworfen wurde. Von daher kommt es zu einer dialektischen Begegnung, in deren Rahmen die Freiheiten, die der Jazz bietet, mit den Bindungen artifiziellen Komponierens eine Synthese eingehen, die es als möglich erscheinen lässt, auch am Ende des 20. Jahrhunderts noch, jenseits postmoderner Tendenzen, subjektiven Ausdruck authentisch und mit dem Anspruch intersubjektiver Gültigkeit zu formulieren.

Literaturverzeichnis

Adorno, Theodor W.: *Philosophie der neuen Musik* (= *Gesammelte Schriften* Bd. 12, hrsg. v.
R. Tiedemann u. a.), Darmstadt 1998 a

Adorno, Theodor W.: *Moments musicaux: Über Jazz* (= *Gesammelte Schriften* Bd. 17, hrsg.
v. R. Tiedemann u. a.), Darmstadt 1998 b, S. 74-108

Barth, Dorothee: *Ethnie, Bildung oder Bedeutung? Zum Kulturbegriff in der interkulturell
orientierten Musikpädagogik*, Augsburg 2008

Berendt, Joachim Ernst: *Das Jazzbuch*, Frankfurt a. M. 1953

Brockhaus Enzyklopädie in 24 Bänden, Mannheim 1989

Cassirer, Ernst: *Versuch über den Menschen. Einführung in eine Philosophie der Kultur*,
Hamburg [2]1992 (Original: *An Essay on Man. An Introduction to a Philosophy of human
Culture*, New Haven 1944)

Dahlhaus, Carl: *Adornos Begriff des musikalischen Materials* (= *Gesammelte Schriften* Bd. 8,
hrsg. von H. Danuser), Laaber 2005

Dahlhaus, Carl/Eggebrecht, Hans Heinrich: *Was ist Musik?*, Wilhelmshaven [4]2001

Danuser, Hermann: *Die Musik des 20. Jahrhunderts* (= *Neues Handbuch der
Musikwissenschaft* Bd 7, hrsg. v. C. Dahlhaus), Laaber 1984

Debussy, Claude: *Monsieur Croche et autres écrits. Édition complète de son œuvre critique
avec une introduction et des notes par François Lesure*, Paris 1971

Deleuze, Gilles/Guattari, Félix: *Tausend Plateaus*, Berlin 1992

Gershwin, George: *Der Komponist und das Maschinenzeitalter*, in: ders., *Wort und
Erinnerung*, hrsg. v. M. Armitage,, Zürich 1959

Halm, August: *Von zwei Kulturen der Musik*, Stuttgart 1947 (Erstveröffentlichung 1913)

Hirsbrunner, Theo: *Maurice Ravel. Sein Leben. Sein Werk*, Laaber 1989

Hunkemöller, Jürgen: *Jazz in der Neuen Musik Europas*, in: *That's Jazz. Der Sound des 20.
Jahrhunderts*, Darmstadt 1988, S. 535-546

Kernfeld, Barry (Hrsg.): *The New Grove Dictionary of Jazz*, London 1988

Kühn, Clemens: *Formenlehre der Musik*, München u. a. [2]1989

Kurth, Ulrich: *Aus der Neuen Welt. Untersuchungen zur Rezeption afro-amerikanischer
Musik in europäischer Kunstmusik des 19. und frühen 20. Jahrhunderts*, Göppingen 1982

Sachsse, Malte: *Menschenbild und Musikbegriff. Zur Konstituierung musikpädagogischer
Positionen im 20. und 21. Jahrhundert*, Diss. phil. Essen 2013

Schatt, Peter W.: *Exotik in der Musik des 20. Jahrhunderts. Historisch-systematische Untersuchungen zur Metamorphose einer ästhetischen Fiktion*, München-Salzburg 1986

Schatt, Peter W.: *Form und Norm. Zum Problem interkulturellen Musikverstehens*, in: MuB XXXII, 6/2000, S. 9-13

Schatt, Peter W.: *Rätsel „Enigma": Sadeness und Lifestyle*, in: MuB XXIII, 4/1991, S. 59-63

Schatt, Peter W.: *„Jazz" in der Kunstmusik. Studien zur Funktion afro-amerikanischer Musik in Kompositionen des 20. Jahrhunderts* (= *Perspektiven zur Musikpädagogik und Musikwissenschaft* Bd. 18, hrsg. v. W. Gieseler, S. Helms und R. Schneider), Regensburg 1995

Schatt, Peter W.: *Maske und Identität. Spiel mit dem Fremden als Arbeit am Mythos*, in: <u>welt@musik</u>. *Musik interkulturell* (= Veröffentlichungen des Instituts für Neue Musik und Musikerziehung Darmstadt Bd. 44, hrsg. v. Institut für Neue Musik und Musikerziehung Darmstadt), Mainz 2004 a, S. 40-53

Schatt, Peter W.: *Kultur – ein Mythos?* In: <u>welt@musik</u>. *Musik interkulturell* (= Veröffentlichungen des Instituts für Neue Musik und Musikerziehung Darmstadt Bd. 44, hrsg. v. Institut für Neue Musik und Musikerziehung Darmstadt), Mainz 2004 b, S. 322-327

Schatt, Peter W.: *Einführung in die Musikpädagogik*, Darmstadt 2007 a

Schatt, Peter W.: *Vers une musique hybride – Chancen kultureller Innovation durch Popkomposition*, in: *Pop-Komposition? Perspektiven eines neuen Studiengangs, hrsg. v. R. Mörchen*, Hildesheim u. a. 2007 b, S. 11-26

Schatt, Peter W.: *Kulturtransfer – eine musikpädagogische Aufgabe?*, in: *Musik – Transfer – Kultur. Festschrift für Horst Weber*, hrsg. v. S. Drees, A. Jacob, S. Orgass, Hildesheim 2009, S. 507-528

Schatt, Peter W.: *Transformationen: Musikalische Räume*, in: *Räume der Unterbrechung. Theater – Performance – Pädagogik*, hrsg. v. K. Westphal, Oberhausen 2012, S. 105-136

Schlothfeldt, Matthias: *Kompositorische Arbeit an Schulen: Sinn – Erfahrungen – Perspektiven*, in: *„Unser Faust – meet the composer". Ein Kompositionsprojekt an Essener Schulen. Bericht – Evaluation – Dokumentation*, hrsg. v. P. W. Schatt, Regensburg 2009

Schönberg, Arnold: *Stil und Gedanke*, hrsg. v. Ivan Vojtech, Frankfurt a. M. 1992

Schuller, Gunther: *Early Jazz. Its Roots and Musical Development*, New York 1968

Schulze, Gerhard: *Die Erlebnisgesellschaft. Kultursoziologie der Gegenwart*, Frankfurt/New York [2]1992

Schwab, Heinrich W.: *Zur Rezeption des Jazz in der komponierten Musik*, in: Dansk Årbog for Musikforskning X, 1979

Strawinsky, Igor: *Erinnerungen*, in: *Schriften und Gespräche I*, hrsg. v. W. Burde, Darmstadt 1983

Stuessy, Clarence J.: *The Confluence of Jazz and Classical Music from 1950 to 1970*, Diss. phil. Univ. of Rochester, Eastman Scholl of Music, 1978

Welsch, Wolfgang: *Identität im Übergang*, in: ders., *Ästhetisches Denken*, Stuttgart [4]1995, S. 168-200

Zimmermann, Bernd Alois: *Intervall und Zeit. Bernd Alois Zimmermann. Aufsätze und Schriften zum Werk*, hrsg. v. Chr. Bitter, Mainz 1974

Lightning Source UK Ltd.
Milton Keynes UK
UKHW041112300819
348826UK00002B/480/P